이 땅을 지켜온,

지금도 지키고 있으며,

앞으로도 지켜나갈

대한민국의 모든 군인들에게 이 책을 바친다.

해군의
아버지

손원일

도서출판 다물아사달 기획 '국군열전'

다물아사달에서는 창군(創軍)과 6·25전쟁, 그리고 대한민국 발전 과정에서 노심초사한 '참 군인'들과 UN군 참전용사들을 선정하여 그들의 삶과 업적을 오늘에 되살리는 '국군열전'을 기획하고 있습니다.

해군의
아버지

손원일

초판 1쇄 2017년 11월 11일

지은이   김선덕
발행인   황승훈
디자인   이슬기
교정·교열 이규석(KBS 성우)

발행처   도서출판 다물아사달
등록번호 제2015-000025호
주소   서울특별시 중구 서소문로6길 34, 609호
전화   02-2281-5553
팩스   02-2281-3953
홈페이지 www.damulasadal.com

가격   13,000원
ISBN   979-11-955026-9-1 04900
       979-11-955026-3-9 04900 (세트)

CIP제어번호 CIP2017027858

이 도서의 국립중앙도서관 출판도서목록(CIP)은 서지정보유통지원시스템 홈페이지 (http://seoji.nl.go.kr)와 국가자료공동목록시스템(http://www.nl.go.kr/kolisnet)에서 이용하실 수 있습니다.

ⓒ 김선덕 2017, Printed in Korea.

- 이 책은 저작권법에 따라 보호받는 저작물이므로 무단전재와 무단복제를 금지하며, 이 책 내용의 전부 또는 일부를 이용하려면 반드시 저작권자와 도서출판 다물아사달의 서면 동의를 받아야 합니다.
- 파본이나 잘못된 책은 구입처에서 교환해 드립니다.

국군열전 列傳

해군의 아버지

손원일

도서출판
다불 아사달

시작하는 글

손원일(孫元一) 제독은 해군 불모지인 한국에서 적수공권(赤手空拳)으로 해군을 창설한 선구자이다. 그래서 그의 이름 앞에는 항상 '해군의 아버지'라는 수식어가 붙는다.

1945년 8월 15일, 우리나라는 일본의 식민치하에서 벗어났지만, 대한민국 정부가 수립될 때까지 3년 동안 미 군정청(美 軍政廳)의 통치를 받게 된다. 그런 어려운 상황 속에서도, 손원일은 1945년 11월 11일에 해군의 전신인 해방병단(海防兵團)을 창설했다. 해방병단은 육해공 3군 중 가장 먼저 출발했을 뿐만 아니라, 국방부(1945년 11월 13일 창설)보다도 이틀 먼저 출범한 광복 후 최초의 공식적인 군 조직이었다.

일제강점기 때, 일본은 조선인에게 일본 육군사관학교나 만주군관학교의 입교는 허용했지만, 해군사관학교의 경우에는 조선인을 단 1명도 받아들이지 않았다. 당시 세계의 군사력은 해군이 좌지우지하던 상황인지라, 일본군은 비밀유지를 위해 조선인들을 해군에 들이지 않았던 것이다. 그런 까닭에 일반상선의 선원 출신인 손원일이 해방병단을 창설했다는 것은 '무에서 유를 창조'한 것이나 다름없는 일이었다.

'창업(創業)보다 더 어려운 일이 수성(守成)'이라는 말이 있다. 손원일은 해군을 창설했을 뿐만 아니라, 해군 발전의 초석(礎石)을 놓은 인물이기도 하다. 손원일은 아무 것도 가진 것이 없는 상태에서 해군의 청사진을 하나씩 그려 나갔다. 대원들을 먹이고 입히고 재우는 일, 유능한 인재를 발탁하여 교육하는 일, 어느 것 하나 쉬운 일이 없었다.

손원일은 1946년 1월 17일, 해군사관학교의 전신인 해군병학교(海軍兵學校)의 문을 열었고, 그해 2월 7일에는 함정을 만들고 수리하는 조함창(造艦廠)을 창설했다. 1947년 2월 7일에는 우리 기술진이 만든 함정 충무공정(PG-313)의 명명식(命名式)을 거행했다.

1948년 8월 15일에 대한민국 정부가 수립되자, 손원일은 초대 해군 총참모장에 임명됐다. 미군정(美軍政)에서 벗어나 새 나라의 해군 총참모장이 된 손원일은 해군 발전에 혼신의 힘을 기울였다.

비록 대한민국 정부는 수립되었지만, 당시의 우리나라는 세계에서 가장 가난한 나라였다. 1949년 5월까지 대한민국 해군이 보유하고 있던 함정세력은 모두 36척이었다. 일본 해군으로부터 압수한 소해정(掃

海艇: 기뢰를 제거하는 소형 함정)들과 미군이 지원한 소해정들이 주력 함정이었고, 나머지는 잡역선과 증기선, 상륙용 주정 등 함정이라고 말하기 부끄러울 정도의 배들이었다.

손원일은 단 한 척의 전투함도 보유하지 못한 대한민국 해군의 현실을 안타까워했다. 고민을 거듭하던 손원일은 전투함을 구입하기 위해 1949년 6월 1일, '함정건조기금갹출위원회'를 구성하여 모금운동을 전개했다. 전투함 보유에 목말라 하던 해군 장병들이 적은 월급에서 일부를 떼어 기꺼이 내놓았다. 장교 부인들도 삯바느질로 모은 돈을 보탰다. 이렇게 하여 1만5천 달러가 모였다.

이에 크게 기뻐한 이승만 대통령이 전투함 구매에 보태라며 정부보조금 4만5천 달러를 내주었다. 6만 달러는 외환 사정이 어려웠던 당시로서는 어마어마한 액수였다.

손원일은 6만 달러를 들고 미국으로 건너가 450톤 규모의 PC(구잠함 驅潛艦) 4척을 구입했다. 그 중의 하나인 701(백두산)함이 6·25전쟁이 발발하던 날 큰 활약을 하게 된다. 부산으로 침투하려던 북한군 특수부대 600여 명을 실은 선박을 침몰시켜 후방이 교란될 뻔한 위기를 막은 것이다.

손원일은 한국군 최고지휘관 중의 한 사람이면서도 최전선에 나가는 것을 꺼리지 않았던 인물이었다. 6·25전쟁의 전세를 뒤집은 인천상륙작전에 앞서, 인천과 월미도 등에서 첩보를 수집하기 위해 실시된 X-ray작전을 성공적으로 지휘하였으며, 인천상륙작전이 실시될 때는 장병들과 함께 인천 해안에 상륙하는 용기를 보였다.

또한 손원일은 전쟁 중에도 미래를 대비하는 혜안을 지닌 인물이었다. 그는 미 해군 지휘부에 한국 해군의 전력증강 필요성을 수시로 제기하며 함정확보에 온 힘을 기울였다. 그 결과 6·25전쟁 기간 동안 미국으로부터 30여 척의 함정을 무상으로 인수하는 성과를 올렸다.

또한 손원일은 지금도 대한민국의 든든한 버팀목 역할을 하고 있는 '한미상호방위조약(韓美相互防衛條約)'을 성공적으로 체결한 주역이었다. 6·25전쟁이 끝나기 한 달여 전인 1953년 6월 30일, 손원일은 44세의 젊은 나이에 제5대 국방부장관에 취임했다.

손원일 장관의 첫 임무는 협의 중인 한미상호방위조약을 성공적으로 마무리하는 일이었다. 미국 정부와 치열한 협상을 벌인 손원일은 결국 최대한 대한민국에게 유리한 조건으로 한미동맹을 맺는데 공헌했다.

손원일은 '해군의 아버지'이기도 했지만, 국군현대화의 기반을 닦은 '국군의 아버지'이기도 했다. 전쟁이 끝난 후, 손원일에게는 해결해야 할 일이 산적했다. 20개 사단으로 늘어난 육군을 효과적으로 재정비해야 했고, 육해공군의 무기와 장비를 현대화해야 했다. 뿐만 아니라 전후복구사업에도 군의 힘이 필요한 상황이었다.

손원일은 국군을 재정비했다. 1953년 12월, 육군 제1야전군사령부를 창설하는 한편, 1954년에는 육군 제2군사령부와 육군교육총본부를 창설했다. 군을 작전과 군수, 교육의 3개 기능으로 나누어 보다 효율적인 지휘체계를 확립한 것이다.

한미상호방위조약 발효(1954년 11월 17일)를 앞두고 한미 양국은 '한미합의의사록' 체결을 협의했다. 두 달여 동안 계속된 협의에서 손원일은 발군의 협상력을 발휘했다.

  2억8천만 달러의 민간원조와 4억2천만 달러의 군사원조를 합해 총 7억 달러의 원조를 얻는데 성공했을 뿐만 아니라, 호위구축함(DE)을 포함한 29척의 함정을 인수하고, 공군에 제트비행단을 창설하는데 합의한 것이다. 우리나라는 이 합의에 따라 '국군의 현대화'를 추진할 수 있었다.

  '호랑이는 강아지를 낳지 않는다.'는 말이 있다. 손원일이 호랑이일 수 있었던 것은 그의 아버지 손정도(孫貞道) 목사에서 기인한다. 손정도 목사는 대한민국임시정부의 의정원(議政院: 현재의 국회) 의장을 지낸 독립투사였다. 손정도 목사는 독립투쟁을 하다가 병을 얻어, 1931년에 49세의 나이로 만주 길림에서 생을 마쳤다.

  손정도의 부인 박신일(朴信一)과 손원일의 부인 홍은혜(洪恩惠)도 손정도 부자(父子)에 못지않은 애국자였다. 박신일은 남편 손정도가 만주에서 독립투쟁을 하던 당시, 집으로 독립군들이 찾아올 때마다 큰 가마솥에 밥을 가득히 지어 배불리 먹인 여장부였다. 홍은혜는 남편이

살아있을 때는 물론, 남편이 세상을 떠난 후에도 해군에 봉사하여 '해군의 어머니'로 불린 여인이다.

부자(父子)와 고부(姑婦)가 함께 대를 이어 가며 나라와 민족을 위해 삶을 바친 것이다. 이런 분들을 '국군열전(國軍列傳)' 시리즈에 모신다는 자체가 참으로 감격스럽고 영광스러울 따름이다.

- 2017년 늦은 가을, 남산 자락 두텁바위 마을의 누옥에서

목 차

7	시작하는 글
21	해방병단 창설
24	손정도 목사
29	중국 망명과 임시정부 수립
31	손정도와 이승만
35	길림에 조선인 정착촌을 세우다
41	기자승어부(其子勝於父), 손원일
46	국제 항해사가 되다
48	13년만의 귀국과 출국금지령
53	평생의 반려를 만나다
56	다시 중국으로
62	경성행 열차 안에서 맞은 광복
64	미치광이라 불린 사나이들
66	미군정의 시작

68	칼스텐과의 담판
74	해군보다 이틀 늦게 창설된 국방부
77	해군병학교 개교와 조함창 창설
83	해방병단, 조선해안경비대로 개칭
86	홍은혜의 내조
91	해사 1기 졸업식과 충무공정 명명식
94	대한민국 정부 수립
97	대한민국 초대 대통령 이승만
104	이승만과 손원일
106	충무공 정신의 계승
108	여수 14연대반란사건과 해병대 창설
112	주한미군 철수와 이승만의 대한민국 방위전략
117	전투함 구입 모금운동
120	미국에서 구입한 4척의 전투함
124	6·25전쟁과 대한해협해전
127	하와이에서 접한 비보

목차

- 130 　맥아더의 구상
- 133 　X-ray작전
- 139 　인천상륙작전에 참전하다
- 146 　서울탈환작전
- 149 　함정 확보에 힘쓰다
- 153 　소해작전과 704함
- 156 　흥남철수작전
- 160 　육해공군 총참모장들의 도원결의
- 164 　휴전회담과 고지쟁탈전
- 172 　반공포로 석방
- 181 　국방부장관 취임과 한미상호방위조약
- 186 　국군 재정비
- 191 　제네바회담
- 195 　이승만과 아이젠하워의 충돌
- 203 　국군현대화 추진
- 209 　초대 서독 대사로 활약하다

217	군인은 정치를 하면 안 된다
222	영웅의 마지막 길
226	잠수함으로 부활한 손원일
236	손원일이 '해군의 아버지'인 이유

242	이력과 경력
244	참고문헌
246	인명색인

해군의
아버지

손원일

해방병단 창설

손원일

　1945년 11월 11일 오전 11시, 서울시 종로구 관훈동 118번지 옛 충훈부(忠勳府)[1] 건물에서 해군의 전신인 해방병단(海防兵團)이 창설됐다. 해방병단은 육해공 3군 중 가장 먼저 출발했을 뿐만 아니라, 국방부(1945년 11월 13일 창설)보다도 이틀 먼저 출범한 광복 후 최초의 공식적인 군 조직이었다. 해방병단을 출범시킨 사람은 훗날 초대 해군총참모장

---

1) 충훈부(忠勳府): 조선시대 나라에 큰 공을 세운 공신이나 그 자손들을 예우하는 업무를 수행했던 관청

을 역임하는 손원일(孫元一, 당시 36세)이라는 인물이었다.

　1945년 8월 15일, 일본 국왕 히로히토가 미국을 비롯한 연합군 측에게 무조건 항복을 선언했다. 이로써 우리 민족은 35년 동안 지속된 일제강점기의 사슬을 끊고 다시 자유의 빛을 찾았다.
　광복이 되자 일본과 중국, 그리고 동남아전선에서 군사경력자들이 속속 귀환했다. 광복군·일본군·만주군 등 다양한 출신의 군사경력자들은 저마다 사설 군사단체들을 만들어 창군(創軍)의 선봉에 서려고 했다. 하지만 그 누구도 해군을 창설할 엄두를 내지 못했다. 그 이유는 해군에서 복무한 경험을 가진 사람이 전혀 없었기 때문이었다.

> "일제강점기 때 일본은 비밀노출 때문에 한국 사람을 해군사관학교에 단 한 명도 안 받아들였어요. 그래서 과거 선원생활을 했던 분들이 모여서 앞으로 나라가 건국이 되면 군대를 만들어야 한다는데 의견이 일치했고, 거기에 뜻이 있는 사람들이 먼저 해방병단을 만들었습니다. 그 중심에 있었던 사람이 바로 손원일 제독이었죠."[2]

　일제강점기 때 일본은 조선 청년들을 육군으로 징집해 전장으로 내몰았고, 우수한 인재들에게는 일본 육군사관학교나 만주군관학교의

---

2) 국방부 군사편찬연구소 책임연구원 남정옥 박사 인터뷰, 2010년 2월 20일, 국방부 군사편찬연구소

입교도 허용했다. 하지만 해군의 경우는 일체 개방하지 않았다. 당시 세계의 군사력은 해군이 좌지우지하던 상황인지라, 일본군은 비밀유지를 위해 해군사관학교에 조선인을 단 1명도 받아들이지 않았던 것이다.

그런데 상선 선원 출신인 손원일이 3군 중 가장 먼저 해군을 출범시킨 것이다. 손원일이 해방병단을 창설했다는 것은 '무에서 유를 창조'한 것이나 다름없었다. 그래서 사람들은 주저 없이 손원일을 '해군의 아버지'라고 부르는 것이다. 과연 '해군의 아버지' 손원일은 어떤 인물인가? 그가 어떤 인물인지 살펴보기 전에, 우선 그의 아버지 손정도 목사부터 알아보는 것이 순서일 것이다.

손정도 목사

손정도

손정도(孫貞道)는 1882년 7월 26일, 평안남도 강서군(江西郡) 증산면(甑山面) 오흥리(吳興里)에서 아버지 손형준(孫亨俊)과 어머니 오신도(吳信道) 사이의 다섯 형제 중 장남으로 출생했다. 손정도는 지방 유지이자 이름난 유림(儒林)이었던 아버지의 영향을 받아 여섯 살 때부터 한학(漢學)을 배우며 성장했으며, 열세 살이 되던 1895년에 두 살 연상인 박신일(朴信一)과 결혼했다.

스무 살 때까지의 손정도는 양반 가문의 평범한 청년이었다. 하지만 스물한 살이 되던 1903년, 그의 인생을 송두리째 바꾸는 계기가 다가왔다. 기독교를 알게 되면서 서양 신문물에 눈을 뜨게 된 것이다.

중국(청나라)과 인접한 평안도는 서양 문물이 가장 먼저 유입된 지역이었다. 그런 까닭에 평안도 지역에는 기독교의 보급이 가장 활발하게 이루어지고 있었다. 유학자인 손형준은 기독교에 빠진 아들이 못마땅하여 노발대발했다. 하지만 손정도는 뜻을 꺾지 않았다. 결국 손정도는 신학문을 배우기 위해 가출을 결행했다.

1904년, 손정도는 평양의 숭실중학교(崇實中學校)에 입학하여 신학문을 배우기 시작했다. 그의 부인 박신일이 평양 기홀병원(記忽病院)에서 잡역부로 일하며 손정도의 뒷바라지를 했다.

1907년, 손정도는 숭실중학교 대학부에 진학했지만, 2년 만에 휴학하고 만다. 신학교에 입학하여 목사가 되기 위해서였다. 1909년, 한성(漢城: 서울)으로 올라온 손정도는 협성신학교(協成神學校: 현재의 감리교신학대학)에 입학하여 본격적으로 신학을 공부하기 시작했다. 그해, 평양에 남아있던 박신일은 장남 손원일을 출산한다.

손정도는 신학을 공부하는 틈틈이 남대문 부근에 위치한 상동교회(尙洞敎會)에 다녔다. 상동교회는 미국 감리교회에서 파송한 의료선교사 스크랜튼(W. B. Scranton) 목사가 1888년에 설립한 교회였다.

상동교회가 전국적으로 널리 알려진 것은 1905년이었다. 그해 11월에 일본이 대한제국(大韓帝國)의 외교권을 빼앗은 을사보호조약(乙巳保護條約)을 강제로 체결하자, 조약이 무효라는 것을 천명하는 구국기도회가 이곳에서 열리면서 유명해진 것이다. 1907년, 스크랜튼의 후임으로 전덕기(全德基)가 담임목사로 부임하면서 상동교회는 민족운동의 본거지가 되었다.

1907년 4월, 안창호(安昌浩), 양기탁(梁起鐸), 유동열(柳東說), 이갑(李甲), 이동녕(李東寧), 이동휘(李東輝), 전덕기(全德基), 일곱 사람이 본격적으로 국권회복운동을 전개하기 위해 비밀결사 조직인 신민회(新民會)를 창립했다. 이들 7명의 창립위원들은 자신들의 영향력 아래에 있는 인사들을 신민회에 가입시켜 세력을 넓혀나갔다. 그 결과 1910년경에는 회원수가 800여 명에 달하는 전국적인 규모의 애국계몽단체로 성장하게 된다.

7명의 창립위원 중 한 사람인 전덕기가 상동교회의 담임목사로 부임하면서 자연히 애국지사와 독립투사들이 상동교회로 모여들었다. 손정도는 상동교회에서 이승만(李承晩), 이시영(李始榮), 이동녕(李東寧), 안창호(安昌浩) 등 대표적인 민족 선각자들과 교분을 쌓으면서, 그 또한 선각자의 한 사람이 돼가고 있었다.

1910년 3월, 손정도가 목사 안수를 받았다. 미국 감리교회는 손정도를 북만주(北滿洲) 지역의 선교사로 파송했다. 우리나라 최초의 선교사가 된 것이다. 그해 5월, 북경(北京)에 파견되어 우선 중국어를 배웠다. 이후 손정도는 흑룡강성(黑龍江省)의 성도(省都) 하얼빈(哈爾濱)에서 본격적인 선교활동을 펼쳤다.

1910년 8월 29일, 대한제국이 일본에 병탄(倂呑)되고 말았다. 35년 동안의 기나긴 일제강점기가 시작된 것이다. 손정도는 설교를 할 때마다 대한제국을 강제로 병탄한 일본의 만행을 규탄했다. 그의 선교 사업은 사실상 독립운동이나 다름없었던 것이다. 일본 관헌들은 손정도를 요시찰인물로 주목하기 시작했다.

1912년 12월, 하얼빈에서 손정도가 일본 경찰에 체포되어 경성(京城: 1910년 10월 1일, 한성을 경성으로 개명) 경무총감부(警務總監部)로 압송됐다. 일본 수상 가쓰라 다로(桂太郎)를 암살하려고 했다는 혐의였다. 물론 일본 경찰이 조작한 사건이었다. 일본 경찰은 전기와 인두로 손정도의 얼굴과 몸을 지지는 등 모진 고문을 가했다. 이 때문에 손정도는 평생 고문 후유증을 앓게 된다.

손정도는 1년 뒤 무혐의로 풀려났지만, 며칠 후 다시 체포되었다. '북간도(北間島)에 독립군 무관학교를 세우기 위해 황해도에 있는 금광을 습격하려고 했다.'는 혐의였다. 이 또한 조작된 사건이었다. 재판 결과 무죄 선고가 내려졌지만, 일제는 손정도에게 거주제한 1년이라는 행정처분을 내렸다. 그 결과 1913년 11월부터 1년 동안 전라남도 진도(珍島)에서 귀양살이를 해야 했다.

1914년 11월, 경성으로 돌아온 손정도는 동대문교회의 담임목사로 활동하다가 1915년 4월에 정동교회의 담임목사로 옮겨갔다. 정동교회(貞洞敎會)는 배재학당과 이화학당에 재학하는 학생들과 청년들이 많이 다니는 교회였다. 손정도는 젊은이들에게 민족의식과 독립정신을 고취시키는 목회 활동을 전개했다.

손정도의 설교는 유명세를 타기 시작했다. '손정도식 설교'라는 말이 생길 정도였다. 손정도가 부임하기 전 1,000여 명이었던 신도의 수가 삽시간에 2,800여 명으로 불어났다.

교인들이 대거 밀려들고 손정도를 추종하는 청년들이 많아지자, 일본 경찰은 정동교회와 손정도를 압박했다. 자신의 행동이 교회 발전에 지장을 준다고 판단한 손정도는 1918년 6월, 목사직을 사임하고 평양으로 거처를 옮겼다. 기회를 보았다가 중국으로 망명하기 위해서였다.

중국 망명과 임시정부 수립

 1919년 2월 15일, 손정도는 가족을 평양에 남겨둔 채 중국으로 망명길에 올랐다. 더 이상 국내에서는 독립운동이 가능하지 않다고 판단한 것이다. 그해 3월 1일, 경성에서 독립만세운동이 일어났다. 3·1만세운동은 요원의 불길처럼 전국 방방곡곡으로 확산되었다.
 국내에서 전국적 규모의 독립운동이 일어나자 이에 자극받은 만주와 중국의 애국지사들이 결집하기 시작했다. 그해 4월, 조직적인 항일투쟁을 전개하기 위해서는 정부가 필요하다고 느낀 애국지사들이 중국 상해(上海)로 집결했다.
 4월 초, 손정도와 이동녕, 이시영, 신익희(申翼熙), 이광수(李光洙), 현순(玄楯) 등이 회합을 가지고 임시정부 창설과 조직에 대해 논의했다. 이들은 4월 9일, 각 도 대표로 구성된 의원 29명을 선임하여 우선 임시의정원(臨時議政院: 현재의 국회)을 설립했다.
 4월 10일, 29명의 의원들이 모여 임시의정원회의를 개최했다. 회의는 다음날까지 이어졌다. 4월 11일, 의원들은 임시의정원 의장에 이동녕, 부의장에 손정도를 선출했다. 이동녕과 의원들은 임시정부의 국호를 '대한민국'으로 정하고 이승만(李承晩, 당시 44세) 국무총리를 비롯한 각료를 선임했다.

그로부터 이틀 후인 1919년 4월 13일, 마침내 임시의정원이 대한민국 임시정부(大韓民國臨時政府)의 수립을 대내외에 선포했다. 3·1운동이 일어난 지 43일째 되는 날이었다. 4월 30일, 임시의정원장인 이동녕이 국무총리 대리에 취임했다. 초대 국무총리 이승만이 미국에서 활동하고 있었기 때문이었다. 이에 따라 손정도가 제2대 의정원장에 취임했다.

손정도와 이승만

3·1운동 이후 임시정부를 수립하겠다는 움직임은 상해에서만 있었던 것이 아니었다. 상해의 대한민국임시정부(1919. 4. 13.)를 포함하여 국내외에서 무려 8개의 임시정부가 추진되었던 것이다.

이들 중 대한민간정부, 조선민국임시정부, 신한민국임시정부, 고려공화정부, 간도임시정부는 실체가 분명하지 않고 전단(傳單)으로만 발표된 정부였다. 실제적인 조직과 기반을 갖추고 수립된 정부는 상해의 대한민국임시정부와 국내의 한성임시정부(漢城臨時政府, 1919. 4. 23.), 그리고 연해주(沿海州) 블라디보스토크에서 태동한 대한국민의회(大韓國民議會, 1919. 3. 17.) 세 정부였다.

흥미로운 사실은 3개의 임시정부 중 대한민국임시정부와 한성임시정부가 모두 이승만을 수반으로 추대했다는 것이다. 1919년 4월 11일, 대한민국임시정부가 이승만을 국무총리로 선출했으며, 4월 23일에 경성에서 선포한 한성임시정부 또한 집정관총재(執政官總裁)로 이승만을 추대했던 것이다.

당시 이승만은 미국 하와이를 근거지로 하여 동포들을 계몽하는 한편, 국제사회를 상대로 외교를 통한 독립운동을 전개하고 있었다.

이승만은 대한민국임시정부보다는 한성임시정부가 정통성이 있다고 생각했던 것으로 보인다. 이승만은 한성임시정부가 부여한 집정관 총재라는 직함을 대통령(President)으로, 국호를 대한공화국(Republic of Korea)으로 번역하고, 그해 6월부터 대한공화국 대통령으로서 활동을 시작했다.

한편 상해에서는 국내외 각지의 임시정부에 대한 통합이 추진됐다. 그 결과 상해 대한민국임시정부, 연해주 대한국민의회, 한성임시정부가 1919년 9월 6일, 대통령 중심제인 대한민국임시정부로 통합되었다. 대한민국임시정부는 이승만을 초대 대통령으로, 대한국민의회의 대표 격인 이동휘(李東輝)를 국무총리로 선출했다.

하지만 이승만은 상해로 가지 않고 계속 미국에서 활동했다. 1919년 8월 25일, 워싱턴에 구미주찰위원부(歐美駐紮委員部: 이후 구미위원부로 개칭)를 설치하고, 미국 각지를 돌며 한국의 독립에 대한 지지를 호소했다.

손정도는 이승만을 상해로 불러들이기 위해 노력을 기울였다. 손정도는 국내와 중국의 상황, 그리고 동포들이 이승만에게 거는 기대와 신망 등을 자세히 적어 편지를 보냈다. 이 편지가 미동도 하지 않던 이승만의 마음을 움직였다.

1920년 12월 5일, 마침내 이승만이 상해에 도착했다. 그리고 그해

12월 28일, 대한민국임시정부 초대 대통령에 취임했다.

중국인 복장을 하고 상해에 도착한 이승만

　하지만 대한민국임시정부는 노선문제로 파벌이 갈리기 시작했다. 특히 이승만과 이동휘의 대립이 심각했다. 당시 이동휘를 비롯한 중국의 독립 운동가들은 무장투쟁론을 내세우고 있었다.
　하지만 이승만의 생각은 달랐다. 미국식 민주주의를 신봉하는 이승만은 외교를 통한 독립이 최선의 방법이라고 생각하고 있었던 것이다. 이승만은 무장투쟁론이 일제의 탄압을 강화시키기만 할뿐이고, 조선인의 희생을 늘리는 쓸모없는 방법이라고 반대했다.
　무장투쟁론을 주장하는 세력과 이승만과의 갈등이 계속됐다. 결국 반대세력의 강경한 주장과 살해 위협에 밀린 이승만은 1921년 5월 28일, 상해를 떠나 하와이로 돌아가고 만다. 대통령에 취임한지 불과 6

개월 만이었다.

1921년 1월 1일, 임시정부와 임시의정원의 신년 하례식. 앞줄 왼쪽에서 ③김구. 둘째 줄 왼쪽으로부터 ①이규홍 ②김철 ③신익희 ④신규식 ⑤이시영 ⑥이동휘 ⑦이승만 ⑧손정도 ⑨이동녕

길림에 조선인 정착촌을 세우다

손정도는 임시정부 사람들의 파벌싸움에 염증을 느끼기 시작했다. 특히 심각한 것은 고질적인 도별(道別)싸움이었다. 몇 사람만 모이면 경상도, 전라도, 서북지방 등 출신별로 나뉘어 싸움을 일삼곤 했다. 후일, 손원일은 손정도가 파벌싸움에 대해 탄식하는 것을 수없이 들었다고 회고한다.

> "조그마한 나라에서 무슨 놈의 남도 북도를 구분하는가. 나라 빼앗긴 것만도 서러운데, 그것도 남의 나라 땅에서 독립 운동하는 처지에 단합은 안하고 서로 헐뜯고 비방만 하니 한심하고 서글픈 일이야. 우리가 나라를 빼앗긴 것도 다 그러한 파벌싸움 때문인데, 아직도 정신들을 못 차리고 있으니……"[3]

파벌싸움과 도별싸움에 마음고생을 하던 손정도는 1921년 늦가을,

---

3) 한국해양전략연구소, 「해군창설의 주역 손원일 제독(상)」, P.202.

임시정부에서 손을 떼고 만주 길림성(吉林省) 길림시(吉林市)로 거처를 옮겼다. 그해 겨울, 손정도는 평양에 있던 가족들을 길림으로 불러들였다.

손정도는 일약 길림 동포사회의 구심점이 되었다. 동포들이 도움을 청할 때마다 기꺼이 도와주었고, 억울한 송사를 당한 동포들을 위해 관청을 출입하며 변호사 역할도 했다. 또한 찾아오는 독립군들에게 식사를 제공하고, 노자까지 쥐어주곤 했다. 손정도의 부인 박신일의 회고다.

> "독립군들이 수십 명씩 우리 집에 찾아왔지. 그때마다 나는 큰 가마솥에 밥을 가득히 지었고 그들을 배불리 먹여서 보냈지. 먹을 뿐만 아니라 여비가 없는 사람들도 찾아왔는데, 어떤 경우에도 네 (며느리 홍은혜) 아버님은 거절하신 적이 없으셨어. 얼마 안 되는 생활비마저 다 남들에게 퍼주느라 정작 우리 생활비가 부족한 적이 많았단다."[4]

손정도는 오래전부터 만주와 상해 지역에 대규모 조선인 정착촌을 만들어 동포들의 생활 근거를 마련하고, 힘을 기른 후에 광복운동을 하겠다는 계획을 가지고 있었다. 손정도는 길림에서 그 계획을 실행에 옮기기 시작했다.

---

4) 홍은혜, 「은혜의 항해」, P.74.

손정도는 고향 강서에 있는 막대한 유산을 모두 처분해 길림성(吉林省) 액목현(額穆縣)에 3,000일경(日耕)에 달하는 농토를 구입했다. 농부 한 사람이 하루갈이를 할 수 있는 땅을 1일경(日耕)이라 했으니, 막대한 규모의 땅이었다. 손정도는 구입한 땅을 동포들에게 아낌없이 나눠주어 농사를 짓게 했다.

그 시절 소년 김일성(金日成, 1912.~1994.)을 돌봐준 숨겨진 일화가 있다. 김일성의 아버지 김형직(金亨稷, 1894.~1926.)은 손정도의 고향 후배였다. 그런 까닭에 김형직이 사망하고 난 후 어려움에 처한 어린 김성주(金成柱: 김일성의 본명)를 물심양면으로 도와주었던 것이다. 그 김일성이 훗날 민족상잔의 6·25전쟁을 일으키는 인물이 될 것이라는 것은 꿈에도 몰랐을 것이다. 역사의 아이러니라고 하겠다.

손정도는 상해에 있을 때에도 안중근(安重根) 의사의 부인 김마리아와 아들 안준생(安俊生), 딸 안현생(安賢生)을 자신의 집으로 데려와 함께 살 정도로 항상 동포들을 위한 삶을 산 진정한 목회자였다.

북한은 1992년부터 김일성 회고록 '세기와 더불어'를 집필하기 시작했다. '세기와 더불어'는 김일성이 사망한지 4년 후인 1998년에 완성된다.

김일성

이 회고록은 '항일혁명편'이라는 부제가 붙은 제1~6권과 '계승본'이라는 부제가 붙은 제7~8권으로 구성되어 있으며, 제6권에서부터 제8권까지는 김일성 사후에 출간됐다.

놀랍게도 이 책 제1권과 제2권에는 손정도 목사와 김일성의 인연이 자세히 수록되어있다. 김일성은 이 책에서 자신의 아버지가 사망한 후, 손정도 목사가 목회(牧會)를 하는 교회에 다니면서 육문중학교(毓文中學校)에 들어가 많은 도움을 받았다고 기록하고 있다.

제2권 항일혁명 2편(1930년 5월~1933년 2월) 제4장은 아예 '손정도 목사'라는 제목으로 시작되고 있다. 김일성은 1930년을 '시련의 해'였다고 하면서, 그해 5월에 길림감옥에서 출옥하였을 때 손정도 목사가 얼마나 자기를 반겨주었는지 자세히 회상하고 있다.

육문중학교에 재학 중이던 1929년 가을, 김일성은 조선공산주의자청년동맹(朝鮮共産主義者靑年同盟) 활동을 하다가 중국 공안당국에 체포되어 7개월 동안 감옥살이를 하게 된다. 그때 옥바라지를 하면서 중국 관리들에게 뇌물을 주어 김일성을 석방시킨 사람이 바로 손정도 목사였다고 한다.

김일성은 "손정도 목사님은 비록 나와 사상은 달랐지만, 참으로 민족을 위해 헌신한 애국자였다."라며, "한평생 목사의 간판을 걸고 항일성업(抗日聖業)에 고스란히 바쳐온 지조가 굳고 양심적인 독립 운동가였으며, 이름난 애국지사였다."라고 회고하고 있다.

1928년 6월 4일, 만주의 동삼성(東三省: 길림, 간도, 통화)을 다스리는 동삼성순열사(東三省巡閱使) 장작림(張作霖)이 살해됐다. 일본이 그가 탄 기차에 폭탄을 설치하여 폭사시킨 것이다. 장작림은 만주지역은 물론 중국 북부의 일부지역까지 지배했던 군벌(軍閥)이었다. 장작림은 만주지역의 여러 이권을 일본에게 제공하는 대가로 일본의 암묵적인 지지를 받아 권력을 유지한 인물이었다.

1920년 10월에 있었던 청산리대첩(靑山里大捷) 이후, 일본은 장작림에게 압력을 넣어 우리 무장독립군을 만주지역에서 몰아냈다. 이 때문에 1920년대 만주지역의 독립운동단체들은 무장단체가 아닌 일종의 자치정부 형태를 유지했다.

자신들에게 협조적이었던 장작림을 일본이 돌연 살해한 이유는 명약관화했다. 만주를 침략하겠다는 야욕을 드러낸 것이었다. 일본이 만주를 집어삼킬 경우, 그 지역의 조선인들이 탄압을 받게 될 것이라는 것도 불을 보듯 뻔한 일이었다.

손정도는 불안했다. 자신은 괜찮지만 가족들이 걱정이었다. 1930년, 손정도는 가족들을 데리고 북경으로 이사했다가 홀로 길림으로 돌아왔다. 한인 정착촌 일을 마무리 짓기 위해서였다. 길림으로 돌아온 후, 손정도의 건강이 하루가 다르게 나빠졌다.

1931년 2월 19일, 결국 손정도는 길림의 동양병원(東洋病院)에서 아내와 자식들도 보지 못한 채 49세의 나이에 홀로 저세상으로 떠났다. 사인은 일본 경찰에게 당했던 고문의 후유증과 과로로 인한 위궤양이었다. 그의 유해는 길림 북산(北山) 기슭에 묻혔다.

그해 9월, 일본은 손정도의 예측대로 만주사변을 일으켜 만주를 침략했다. 파죽지세로 만주 전역을 점령한 일본은 1932년 3월 1일, 괴뢰국가인 만주국을 세워 만주를 지배하게 된다.

1962년, 대한민국 정부는 손정도에게 건국훈장 국민장을 추서했다. 1996년 9월, 정부는 중국으로부터 그의 유해를 봉환하여 서울 동작동 국립현충원 임시정부요인묘역에 안장했다. 임시정부요인묘역 바로 옆에는 그의 아들 손원일이 묻혀있는 제2장군묘역이 있는데, 두 묘역 사이의 거리가 불과 50m 정도밖에 안 된다고 한다.

기자승어부(其子勝於父), 손원일

'호랑이는 강아지를 낳지 않는다.'는 말이 있다. 기자승어부(其子勝於父)라는 말도 있다. 아버지보다 아들이 뛰어나다는 말이다. 손원일은 아버지 손정도에 못지않은 걸출한 인물이었다.

손원일은 1909년 음력 5월 5일, 평양에서 손정도의 2남3녀 중 장남으로 태어났다. 유년 시절, 손원일은 독립투사인 아버지와 거의 떨어져 살았다. 손정도가 1919년에 상해로 갈 때까지 그와 함께 산 기간은 모두 4년 남짓이었다.

손원일이 처음으로 아버지와 함께 살게 된 때는 그의 나이 5세 때인 1914년이었다. 손정도가 동대문교회의 담임목사로 부임하면서 평양에 있던 가족을 경성으로 불러들여, 처음으로 온 가족이 함께 살 수 있었던 것이다.

1917년, 손원일은 경성 영신소학교(永信小學校)에 입학했다. 하지만 1918년 말에 손정도가 정동교회의 담임목사를 그만 두고 평양으로 거처를 옮기는 바람에 1919년 초에 평양 광성소학교(光成小學校) 2학년으로 편입하게 된다. 하지만 손정도는 그해 2월, 중국으로 망명길에 올랐다.

손정도 일가. 손정도 앞에 서있는 소년이 장남 손원일, 중간이 손정도의 부인 박신일, 그 옆에 서있는 소녀가 장녀 손진실, 박신일이 안고 있는 아기가 차남 손원태.

손원일이 아버지와 재회한 것은 그로부터 3년이 지난 1921년 가을이었다. 1922년 3월, 손원일은 길림 육문중학교(毓文中學校)에 입학했다가, 다음 해에 문광중학교(文光中學校) 2학년으로 편입하여 1925년에 졸업했다. 이후, 손정도의 교회에서 운영하던 공민학교(유치원)에서 6개월 정도 교사로 일하던 손원일은 1926년 가을에 상해로 유학을 떠나게 된다.

이후 줄곧 상해에서 활동을 했기 때문에, 손원일이 아버지와 함께 산 기간은 총 10여 년에 불과했다. 독립운동을 하느라고 국내외 여기저기를 옮겨 다녔던 아버지 때문에 손원일 또한 떠돌이 생활을 해야 했고, 아버지와 함께한 세월도 그만큼 짧을 수밖에 없었던 것이다. 손원일은 아버지와 많은 시간을 함께할 수 없었던 것이 못내 아쉬웠던 것으로 보인다. 후일 손원일이 부인 홍은혜에게 한 말이다.

"집에서 아버지를 뵌 적이 별로 없소. 내가 아버지를 자주 보게 된 것은 아버지가 정동교회 목사님으로 사역하실 때였을 거요. 그 3년간이 어쩌면 우리 가족이 가장 안정된 시간을 보낸 시기가 아닐까 싶소. 어머니의 말씀을 통해서, 나는 간접적으로 아버지를 알게 된 것 같소. 그게 많이 안타까운 일이지."[5]

당시의 상해는 세계열강(世界列强)의 해군 함정들과 상선들이 모여드

---

5) 홍은혜, 「은혜의 항해」, P.76.

는 국제 항구였다. 그곳에서 열강 해군의 위용을 목격한 손원일은 장차 조국이 광복되면 자신의 손으로 해군을 창설하겠다는 원대한 포부를 가지게 된다. '그 아버지에 그 아들'이었던 것이다. 그래서 선택한 학교가 중앙대학교(中央大學校)였다. 이유는 단 하나 중앙대학교에 항해과(航海科)가 있었기 때문이었다.

중앙대학교는 국립대학교로서 본교는 당시 중국의 수도였던 남경(南京)에 있었고, 항해과만 항구도시인 상해에 있었다. 뒤늦게 바다의 중요성에 눈을 뜬 중국 정부가 중앙대학교의 농학원(農學院)에 항해과를 설치했던 것이다. 학생들은 모두 국비장학생이었다.

손원일은 60명을 뽑는 제3기 항해과 신입생 모집에 응시하여 합격했다. 신입생들은 양자강(揚子江) 하구 오송(吳宋)에 위치한 기숙사에서 생활했다. 4년제 정규대학인 중앙대학교 항해과 학생들은 3년은 학교에서 공부하고, 4학년 때는 선박회사에서 실습 교육을 받았다.

손원일은 중국인 학생들에게 뒤처지지 않기 위해 최선을 다해 공부했지만, 쉽지 않았다. 문광중학교에서 수석을 다투던 그였지만, 시골 길림과 대도시의 교육수준에 큰 차이가 있었기 때문이었다.

특히 수학이 애를 먹였다. 손원일은 문광중학교에서 미분(微分)과 적분(積分)을 배운 적이 없었는데, 대도시 출신 학생들은 미적분을 모두 알고 있었고, 교수들도 당연하다는 듯이 미적분을 가르치지 않았다. 항해술에는 수학이 기본인데 큰일이 아닐 수 없었다.

고민을 하던 손원일은 역시 오송에 위치한 동제대학교(同齊大學校) 공과(工科)에 재학 중이던 3년 선배 서재현(徐載賢)에게 도움을 청했다. 3개월 동안 서재현에게 수학을 배운 결과 손원일은 낙제의 위기에서 벗어날 수 있었다. 그 이후로는 탄탄대로였다.

국제 항해사가 되다

3학년을 마친 후, 실습생이 된 손원일은 초상국(招商局)이라는 국영 회사가 운영하는 3,000톤급 연안 화물여객선에 배치됐다. 상해와 광동성(廣東省)을 오가는 배였다. 1930년, 1년 동안의 실습과정을 무사히 이수한 손원일은 3등 항해사 자격증을 손에 넣었다.

당시 중국 해군에서는 유능한 항해사를 선발하여 해외에 파견했다. 원양을 항해하며 세계에 대한 견문을 넓히는 것이 꿈이었던 손원일은 주저 없이 시험에 응시하여 합격했다.

1930년 말, 손원일은 독일 함부르크에 본사를 둔 아메리카라인 상선인 하벤슈타인(Havenstein) 호를 타게 됐다. 함부르크-지중해-수에즈운하-인도양-싱가포르-요코하마-블라디보스토크를 오가는 증기선(蒸氣船)이었다.

선장을 비롯하여 거의 모든 선원이 독일인이었다. 손원일은 언젠가는 독일어가 요긴하게 쓰일 것이라는 생각에서 독일어를 열심히 배웠다. 손원일의 그 생각은 훗날 절묘하게 맞아떨어지게 된다. 해군에서 전역한 후 독일대사로 발령을 받게 되리라는 것을 당시에는 전혀 몰랐으리라.

1931년 초, 손원일은 15,000톤급 람세스(Ramses) 호로 옮기게 된다. 화물여객선인 람세스 호는 최신형인 디젤 기관선이었다. 직급도 2등 항해사로 올라갔다. 람세스 호가 인도양을 항해 중이던 그해 2월 20일, 무전실에서 손원일에게 전문(電文) 한 장을 건넸다. 아버지 손정도 목사의 부음(訃音)이었다.

아버지가 세상을 떠났다는 소식에 충격을 받은 손원일의 눈에서 눈물이 비 오듯이 떨어졌다. 하지만 인도양 한 가운데 있는 몸인지라 어쩔 도리가 없었다. 게다가 람세스 호와의 계약기간이 아직 2년 가까이 남아있는 상황이었다. 손원일은 슬픔을 잊기 위해 전문지식을 얻는데 몰두했다. 그 외에는 다른 방도가 없었다.

1932년 말, 기나긴 마도로스 생활을 마친 손원일이 상해로 돌아왔다. 마음 같아서는 한달음에 아버지의 묘소가 있는 길림으로 달려가고 싶었지만 그럴 수가 없었다. 이미 만주는 일본군의 손에 들어가 있었기 때문에 길림에 간다는 것 자체가 위험한 일이었다. 아버지의 묘소를 찾아가지 못한 일은 이후 손원일의 가슴에 평생 한(恨)으로 남게 된다. 손원일은 가족들이 있는 북경으로 발걸음을 옮겼다.

한동안 가족들과 함께 지낸 후 상해로 돌아온 손원일은 다시 국영회사 초상국(招商局)으로 찾아갔다. 새로운 일자리는 중국 연안 화물여객선의 부선장 겸 항해사였다. 사실상 배의 모든 살림을 도맡아 하는 자리였다.

13년만의 귀국과 출국금지령

1934년 여름, 손원일은 경성에 살고 있는 큰누나 손진실을 만나기 위해 인천행 배에 몸을 실었다. 그것이 화근이었다. 큰누나 부부는 경성 가회동(嘉會洞)에 살고 있었다. 13년 만에 조국 땅을 밟은 손원일은 얼마 동안 경성에서 지내고 싶었다. 사람들과의 접촉을 삼가고 누나 집에서 숨어 지내면 별일 없을 것이라고 생각했다.

그해 12월의 어느 날, 김의수(金義洙)라는 사람이 손원일을 찾아왔다. 종로경찰서 형사였다. 그는 몇 가지 조사할 것이 있으니 자신을 따라오라고 했다. 우려했던 일이 발생한 것이다. 손원일은 종로경찰서 지하 취조실로 끌려갔다. 취조실에 들어서자마자 형사가 갑자기 버럭 소리를 질렀다.

"평양에서 네 놈을 잡으라는 연락이 왔다. 다 알고 있으니 순순히 자백해!"

손원일은 어이가 없었다. 자백할 것이 있어야 자백할 것이 아닌가. 손원일이 아는 것이 없다고 하자, 불문곡직하고 주먹과 발길질이 날아왔다. 손원일의 혐의는 '대한민국임시정부의 첩자'였다. 손원일이 낙양군관학교(洛陽軍官學校)를 졸업한 후, 임시정부가 부여한 비밀임무를 수행하기 위해 국내에 잠입했다는 것이었다.

중국 하남성(河南省) 낙양(洛陽)에 위치한 낙양군관학교는 중국 국민당정부의 중앙육군군관학교(中央陸軍軍官學校, 일명 황포군관학교)가 주요 도시에 설치한 분교들 중의 하나였다.

1931년 9월에 만주사변을 일으켜 순식간에 만주 전역을 점령한 일본은 1932년 1월 28일, 상해에서 중국군을 공격하는 사건을 일으켰다. 만주에 시선을 집중하고 있던 열강들의 주의를 돌리는 한편, 중국의 반발을 누르기 위해서였다. 일명 제1차 상해사변(上海事變)이었다.

처음 상해를 공격한 부대는 일본 해군의 육전대였다. 하지만 일본 해군은 중국군 제19로군의 완강한 저항에 막혀 고전을 면치 못했다. 2월 15일과 16일, 일본 육군 제9사단이 상해에 상륙했지만, 전황은 나아지지 않았다. 2월 29일, 일본군 증원부대(육군 제11사단)가 다시 상해에 상륙했다. 3월 초, 결국 상해는 일본군의 수중에 들어가고 말았다.

상해를 점령한 일본군이 4월 29일, 상해 홍구공원(虹口公園)에서 대대적인 기념식을 거행했다. 4월 29일은 일본왕의 생일이었다. 그런데 이날 윤봉길(尹奉吉)이라는 조선인 청년이 행사장 단상에 도시락폭탄을 투척했다. 상해 파견군 총사령관 시라카와 대장과 가와바타 거류민단장 등을 죽이고, 3함대사령관 노무라, 9사단장 우에다, 일본공사 시게미쓰 등 10여 명에게 중경상을 입힌 쾌거였다.

윤봉길은 대한민국임시정부 국무위원 김구(金九)가 이끄는 한인애국단원이었다. 이에 대한민국임시정부의 독립투쟁 역량을 새롭게 인식한 중국 총통 장개석(蔣介石)이 김구에게 면담을 요청했다.

1933년 5월, 남경에서 김구와 장개석의 회동이 이루어졌다. 이날 두 사람은 낙양군관학교에 '한인특별반(韓人特別班)'을 설치하여 조선인 청년들에게 전문적인 군사훈련을 시키기로 합의했다. 정식명칭은 중국 중앙육군군관학교 낙양분교 제2총대 제4대대 육군군관훈련반 제17대였다.

이전에도 많은 조선인 청년들이 황포군관학교(중앙육군군관학교) 본교와 분교들에서 군사훈련을 받았지만, 임시정부와 중국 국민당정부가 연합하여 본격적으로 훈련을 시킨 것은 이때가 처음이었다.

1934년 2월, 제1기생들이 한인특별반에 입교하여 1935년 4월에 교육을 완료했다. 하지만 당초의 계획과 달리 한인특별반은 1기생 배출을 끝으로 문을 닫고 만다. 한인특별반이 있다는 사실을 알게 된 일본이 중국 정부에게 해산을 요구했고, 일본과의 전면전을 꺼리고 있던 중국 정부가 그 요구를 수용했기 때문이었다.

한인특별반을 졸업한 '대한민국임시정부의 첩자'라는 것이 일본 경찰이 손원일을 체포한 구실이었다. 하지만 손원일을 잡아간 실질적인 이유는 화근(禍根)을 뿌리째 뽑겠다는 것이었다. 손정도를 잘 알고 있었던 일본 경찰이 그의 아들인 손원일까지 제거하여 후환을 방지하려 했던 것이다. 일본 경찰은 손원일에게 허위자백을 강요했다. 손원일이

혐의를 부인하자 고문이 시작됐다.

12월의 엄동설한, 발가벗겨진 손원일의 몸으로 몽둥이와 가죽채찍이 날아왔다. 견디다 못한 손원일이 정신을 잃었다. 일경은 알몸 상태의 손원일을 수돗가로 끌고 가서 물을 부었다. 손원일이 의식을 회복하자, 이번에는 강제로 물을 먹이기 시작했다. 물이 더 이상 들어가지 않으면, 발로 배를 밟아 물을 토하게 하고 다시 먹였다. 실로 지독한 고문이었다.

일주일가량 고문을 하던 일경은 손원일을 평양경찰서로 보냈다. 만신창이의 몸이 되어 고향으로 돌아온 손원일을 기다리는 것은 더욱 혹독한 고문이었다. 손원일은 다시 본적지인 강서경찰서로 인계됐다. 손원일의 시련은 두 달여 동안이나 계속됐다. 결국 무혐의로 풀려나기는 했지만, 손원일의 심신은 망가질 대로 망가지고 말았다.

손원일은 그때의 후유증으로 평생 협심증과 신경통에 시달리게 된다. 손원일의 부인 홍은혜는 "제독님은 평생 양동이에 물을 붓는 소리만 들어도 물고문을 당했던 기억이 되살아나, 심장이 쿵쿵 뛴다며 고통을 호소했다."고 기억한다. 또한 날씨가 궂은 날이면 어김없이 찾아오는 허리통증 때문에, 아랫목에 솔잎을 깔고 그 위에 누워 찜질을 하곤 했다고 한다.

비록 석방은 되었지만, 손원일은 중국으로 돌아갈 수 없었다. 조선총독부가 출국금지령을 내린 것이다. 실의에 빠진 손원일은 1년여 동안 술에 빠져 살았다. 억울하고 분한 마음을 달랠 방법이 술 외에 달리 없었던 것이다.

당시 많은 지식인 청년들이 손원일처럼 술로 울분을 풀고 있었다. 일제에 협력하기는 싫고, 마땅히 할 일은 없고, 그들은 자연스럽게 한데 어울려 세월을 통탄(痛嘆)하고 있었다. 종로에 위치한 '백합원'이라는 레스토랑 위층에 있는 당구장도 그들이 모이는 곳 중의 하나였다. 손원일도 자주 그곳에 가서 유진오(兪鎭午) 등 지식인 청년들과 어울렸다.

1936년 봄, 큰 매형 윤치창(尹致昌)이 손원일에게 함께 장사를 해보자고 제안했다. 마땅히 할 일이 없었던 손원일은 흔쾌히 수락했다. 윤치창이 안국동(安國洞) 부근에 2층 벽돌집을 사서 남계양행(南桂洋行)이라는 회사를 차렸다. 사장은 윤치창이었지만, 실질적인 운영은 손원일이 맡았다.

취급하는 상품은 식료품이었는데, 주로 수입품을 다루었기 때문에 사업이 날로 번창했다. 사업이 잘 되자, 손원일은 혜화동(惠化洞)에 집을 마련하여 북경에 있던 어머니 박신일과 여동생 손인실을 경성으로 불러들였다.

평생의 반려를 만나다

귀국한 박신일은 손원일에게 결혼을 재촉했다. 당연한 일이었다. 그때 손원일의 나이 27세였는데, 당시 남자 나이 27세는 노총각 중의 노총각이었다. 박신일이 친하게 지내던 이웃집 부인에게 중매를 부탁했다. 그 부인은 주저 없이 자신의 사촌 동생을 추천했다.

상대는 마산 출신의 홍은혜(洪恩惠, 당시 19세)라는 아가씨였다. 홍은혜는 이화여자전문학교(梨花女子專門學校: 이화여자대학교의 전신) 음악과 1학년에 재학 중인 재원(才媛)이었다. 마침 손원일의 여동생 손인실도 이화여전 음악과 1학년에 다니고 있었다.

마산고등여학교 시절의 홍은혜(오른쪽)

홍은혜는 정동교회 성가대에서 활동하고 있었다. 정동교회가 어떤 교회인가. 손정도가 제6대 담임목사를 맡았던 교회가 아니던가. 1936년 11월 하순의 어느 일요일, 박신일이 딸과 홍은혜의 사촌언니를 데리고 정동교회로 향했다. 며느릿감을 보기 위해서였다. 홍은혜를 찬찬히 살펴 본 박신일은 대단히 흡족해했다.

그 다음 주 일요일, 손인실의 주선으로 손원일과 홍은혜가 첫 대면을 했다. 두 사람은 만나는 순간부터 서로에게 매료되었다. 혼담은 급속도로 진행되었다. 12월 말, 손원일이 홍은혜에게 정식으로 청혼했고, 홍은혜도 기꺼이 승낙한 것이다. 하지만 한 가지 조건이 있었다. 공부를 더 하고 싶었던 홍은혜가 학교를 마칠 때까지 결혼을 미루자고 한 것이다.

1937년 2월 6일 저녁, 손원일의 혜화동 집에서 약혼식이 거행됐다. 약혼 후, 두 사람은 1주일에 한 번씩 만나며 사랑을 키워나갔다. 그런데 사고가 생겼다. 후끈 달아오른 손원일이 "빨리 결혼하자."고 조르는 편지와 예물을 보낸 것이다. 그 다음날, 홍은혜는 자신의 생각을 적은 편지를 동봉하여 예물을 다시 보냈다.

"원일 씨, 처음 약속과 다르네요. 결혼이 급하시면 다른 좋은 처녀를 구하여 장가가세요."
편지와 예물을 보낸 이후 얼마 안 되어 도로 예물과 함께 답장을 받았다.

"미스 홍, 사랑은 중요한 것이오. 내가 어떻게 다른 사람과 결혼할 수 있겠소. 3년 동안 기다리겠으니 마음 놓고 예물을 받아주시오."[6]

1939년 3월 11일 오후 2시, 손정도의 모교인 감리교신학대학교(협성신학교의 후신) 강당에서 손원일과 홍은혜의 결혼식이 거행됐다. 마침내 손원일이 장차 '해군의 어머니'로 추앙받게 될 여인과 짝을 이룬 것이다. 3월 11일은 홍은혜의 졸업식 날이기도 했다. 그날 오전 10시에 졸업식을 마치고 오후 2시에 결혼식을 한 것을 보면, 손원일은 어지간히 급했나보다.

결혼식을 올린 손원일과 홍은혜 부부

6) 홍은혜, 「은혜의 항해」, P.68.

다시 중국으로

1937년 7월, 중일전쟁(中日戰爭)이 발발했다. 호시탐탐 중국 대륙을 노리던 일본이 본격적으로 침략을 개시한 것이다. 중일전쟁은 어처구니없을 정도로 사소한 사건으로 인해 일어났다.

1937년 7월 7일 밤, 북경(北京) 서남 교외의 작은 돌다리인 '노구교(蘆溝橋)' 근처에서 일본군이 야간 훈련을 하고 있었다. 그런데 훈련 도중에 누가 쏜 것인지 알 수 없는 몇 발의 총성이 울렸다.

문제는 총성이 울린 후 일본군 병사 1명이 사라졌다는 것이다. 일본군은 중국군이 그 병사를 납치했다고 주장하며 전면적인 전쟁을 일으켰다. 중일전쟁의 발단이 된 이 사건을 '노구교사건'이라고 한다.

사실 그 병사는 사라진 것이 아니었다. 화장실이 너무 급해 잠시 이탈했던 것이었을 뿐, 뒤늦게 부대로 귀대했던 것이다. 하지만 중국을 침공할 구실을 백방으로 찾고 있던 일본은 그 사실을 숨기고 전쟁을 일으켰다. 중일전쟁은 일본군의 조작에 의해 일어난 사건이었던 것이다.

개전 초기, 일본군은 승승장구했다. 7월 30일, 북경(北京)과 천진(天

津)을 함락하였고, 11월 12일에는 중국 최대의 항구도시인 상해(上海)를 손에 넣었으며, 12월 14일에는 중국의 수도 남경(南京)까지 점령했다.

1938년 5월 19일, 철도 요충지인 서주(徐州)를 점령했으며, 10월 27일에는 호북성(湖北省) 군사·교통의 중심지인 무한(武漢)까지 손에 넣었다. 1938년 말까지 일본은 광동(廣東)에서 산서(山西)에 이르는 남북 10개 성(省)과 해안 주요 도시들을 거의 장악했다.

하지만 곧 일본군의 한계가 드러났다. 중국군이 드넓은 대륙의 이점을 활용하여 곳곳에서 끈질기게 게릴라전을 펼쳤기 때문이었다. 일본군은 점차 주요도시와 보급로인 철도를 지키는데 급급하게 됐고, 결국 전쟁은 장기전(長期戰)의 수렁에 빠지게 된다.

중일전쟁은 손원일이 다시 중국으로 진출할 수 있는 기회를 제공했다. 전쟁으로 가장 이득을 보는 집단은 군수물자를 만드는 회사들이다. 식료품을 만드는 회사 또한 마찬가지다.

1940년 봄, 전쟁으로 인해 급성장한 식료품 수출회사 동화양행(東華洋行)이 중국 천진에 지점 개설을 추진했다. 문제는 지점장이었다. 동화양행은 유능한 인재를 수소문했다. 손원일의 큰 매형 윤치창은 동화양행의 하(河) 사장과 절친한 사이였다. 윤치창은 좋은 기회라고 생각하여 하 사장에게 손원일을 추천했다.

면담자리에서 하 사장은 한 눈에 손원일의 능력을 알아봤다. 특히 일본어와 중국어는 물론, 영어와 독일어에 능통한 손원일의 어학 실력에 감탄을 금치 못했다. 문제는 손원일에게 내려진 출국금지령이었다.

하 사장은 껄껄 웃으며, 일본인 고위층에 아는 사람이 많으니 걱정하지 말라고 호언장담했다. 하 사장의 장담대로 며칠 후에 출국금지령이 풀렸다. 정치인과 경제인의 관계가 떼려야 뗄 수 없는 공생관계라는 것은 예나 지금이나 마찬가지인가 보다.

손원일은 6년 만에 다시 중국 땅을 밟았다. 그의 첫 번째 임무는 산서성(山西省)에서 시장을 확보하는 일이었다. 중국어에 능통하고, 중국 문화에 밝은 손원일로서는 그다지 어려운 일이 아니었다. 손원일은 곧 시장을 확보하여 판로를 개척하는데 성공했다. 손원일이 기대 이상의 성과를 이뤄내자, 본사의 하 사장은 크게 기뻐했다.

1940년 말, 하 사장은 손원일을 상해 지사장으로 임명했다. 손원일에게 상해는 제2의 고향이나 다름없었다. 게다가 외항선 항해사 시절에 세계 각국의 문물을 경험했고, 영어와 독일어를 유창하게 구사하는 손원일에게 국제항구인 상해는 물고기가 물을 만난 격이었다. 오래지 않아 손원일은 상해의 무역업계에서 수완 좋은 사업가로 부상했다. 전쟁 특수(特需)도 한 몫을 했다.

상해 생활이 안정되자, 손원일은 아내와 아이들을 상해로 불러들였다. 1941년 초였다. 이후에도 사업은 나날이 번창했고, 손원일은 거액의 돈을 손에 쥘 수 있었다. 손원일은 번 돈의 일부를 은밀히 중경(重慶)의 임시정부로 보내곤 했다.

상해 시절 손원일 부부(오른쪽)와 동생 손원태 부부(왼쪽)

그해 12월 7일, 일본 해군 연합함대가 태평양을 넘어 미국 하와이의 진주만을 기습했다. 태평양전쟁이 발발한 것이다. 진주만 기습은 돌이킬 수 없는 악수(惡手)였다. 미국을 잘못 건드린 일본은 패망의 길로 접어들게 된다.

진주만을 공격하는 것과 때를 같이하여 일본 육군은 본격적으로 동남아시아를 침공하기 시작했다. 1942년 초, 말레이반도·필리핀·싱가포르·수마트라·자바·버마(현재의 미얀마) 등이 차례로 일본군의 손에 넘어갔다.

하지만 태평양 전쟁 초기 승승장구했던 일본군은 전열을 정비한 미군의 강력한 반격에 직면했다. 1942년 6월, 미드웨이 해전에서 미국 함대가 승리함으로써 전세는 역전되었고, 태평양 곳곳에서 일본군이 밀리기 시작했다. 또한 중국에 파견된 미국 육군 항공대가 중국 전선의 일본군은 물론 일본 열도까지 폭격했다.

태평양전쟁에서 미국에 참패를 당하면서 일본군의 전력은 급격하게 쇠퇴했다. 그리고 이미 제2전선(第二戰線)이 되어버린 중국 전선에 투입된 1백만 명이 넘는 대병력은 진격도 철수도 할 수 없는 진퇴양난에 빠지고 만다. 일본군은 광범위한 중국 전선에서 '점(도시)과 선(철도)'을 유지하는 데 급급하게 되었다.

1944년 말, 일본의 패망은 기정사실(既定事實)로 굳어져가고 있었다. 미군이 상해에 상륙하는 것도 시간문제로 보였다. 손원일은 가족들을 경성으로 돌려보냈다.

경성으로 돌아온 홍은혜는 생활고에 시달려야 했다. 일제가 '공출(供出)'이라는 이름으로 곡식과 금붙이들을 수탈해가는 바람에 감자나 고구마도 구하기 힘들었다.

뿐만 아니라 탄약을 만들기 위해 놋대야, 숟가락, 젓가락 등 온갖 철물(鐵物)을 모두 거둬가고 있었다. 마지막 발악이었다. 홍은혜는 손원일에게 편지를 썼다.

"여보! 일본이 전쟁에 쓰려고 귀중품, 생활용품까지 다 공출해갔어요. 먹고살 게 막막해요. 생활비를 보내주세요. 당신을 안전하게 볼 날을 기다립니다."[7]

---

7) 홍은혜, 「은혜의 항해」, P.85.

경성행 열차 안에서 맞은 광복

1945년 8월 15일, 봉천(奉天) 역에 도착한 손원일이 경성행 열차로 갈아타기 위해 플랫폼에 들어섰다. 아내에게 생활비를 전달하려고 가는 길이었다. 역사(驛舍)가 갑자기 시끄러워지며, 사방에 호외(號外)가 뿌려졌다. 호외 한 장을 집어 든 손원일은 자신의 눈을 의심했다.

이날 정오, 일본 왕 히로히토가 라디오 방송을 통해 미국을 비롯한 연합군 측에게 무조건 항복을 선언했다는 내용이었다. 그토록 염원하던 조국 광복이 현실로 다가온 것이다. 손원일은 가슴이 벅차올랐다. 걷잡을 수 없이 흘러내리는 눈물을 훔치며 손원일은 서둘러 경성행 열차에 몸을 실었다.

그동안 모아놓은 막대한 재산이 상해에 있었지만, 돈 따위는 손원일의 안중에 없었다. 그의 머릿속을 가득 채우고 있는 것은 하루바삐 해군을 만들어야 한다는 한 가지 생각뿐이었다.

비록 광복이 되었지만, 한반도의 상황은 우리 민족의 열망과는 다르게 전개되고 있었다. 승전국인 소련과 미국이 38도선을 중심으로 각각 군정(軍政)을 실시하기로 합의했던 것이다.

치스차코프(Ivan Chistiakov) 대장이 지휘하는 소련군 제25군이 1945년 8월 22일, 평양에 입성했다. 먼저 38도선 북쪽 지역에 진주한 소련군은 일본군을 무장 해제시키고, 공산주의 정부를 세우는 작업을 차근차근 진행시켜나갔다. 한편으로는 소련군과 중국 팔로군 출신의 조선인 군사 경력자들을 내세워 군대를 만들기 시작했다.

한편, 미군이 아직 진주하지 않은 남한 지역은 무질서가 극에 달했다. 정권을 잡기 위한 유력 인사들의 정당 창당이 봇물을 이루었고, 공산주의와 민주주의를 표방하는 좌익(左翼)과 우익(右翼) 간의 세력다툼이 극심했다.

또한 전국 각지에서 사설 군사단체가 조직되기 시작했다. 광복과 함께 귀국한 군사 경력자들, 즉 중국, 일본, 만주 등지에서 군 생활을 했던 사람들이 군사단체를 조직하여 창군(創軍)의 선봉이 되고자 했던 것이다.

미치광이라 불린 사나이들

1945년 8월 16일, 서울로 돌아온 손원일은 해군 창설을 서둘렀다. 우선 자신과 뜻을 같이 하는 동지들을 구하기로 했다. 수소문 결과 민병증(閔丙曾)과 김영철(金永哲)[8] 등의 동지들을 만날 수 있었다.

8월 21일, 손원일은 동지들과 함께 거리로 나가 주요 건물 벽에 대원 모집 벽보를 붙였다. '조국의 광복에 즈음하여 앞으로 이 나라 해양과 국토를 지킬 뜻있는 동지들을 구함.'이라는 내용이었다.

그런데 벽보를 붙이던 김영철이 깜짝 놀랐다. 어떤 청년이 '우리의 바다는 우리가 지키자. 조국의 바다를 지켜 나갈 충무공의 후예를 모집함.'이라는 벽보를 붙이고 있었던 것이다.

그 청년의 이름은 정긍모(鄭兢謨)[9]였다. 일본 소형기선에서 기관사로 일했던 정긍모도 손원일과 같은 생각을 하고 있었던 것이다. 김영철은

---

8) 김영철(金永哲, 1906.~1971.): 진해고등해원양성소 항해과 7기 졸업. 제3대 해군사관학교장, 1949~1950년 해군총참모장 대리, 해군과학연구소장 역임. 해군 소장 예편.

9) 정긍모(鄭兢謨, 1914.~1980.): 진해고등해원양성소 별과와 일본 오사카상선학교를 졸업한 후, 소형기선 순조마루(春朝丸)의 기관사로 근무. 초대 묵호기지사령관, 제3대 통제부사령관, 제3대 해군참모총장 역임. 해군 중장 예편.

즉시 정긍모를 손원일에게 데려갔다. 손원일을 만난 정긍모가 의기투합하였음은 물론이다.

그 날 오후, 정긍모가 또 한 사람의 동지를 손원일에게 소개했다. 한갑수(韓甲洙)[10]라는 인물이었다. 공교롭게도 김영철, 정긍모, 한갑수 모두 진해고등해원양성소(鎭海高等海員養成所: 한국해양대학교의 전신) 출신이었다. 든든한 지원군을 얻은 손원일은 용기백배했다. 바로 이날, 손원일과 민병증, 김영철, 정긍모, 한갑수는 '해사대(海事隊)'라는 사설 군사단체를 조직했다.

어렵사리 80여 명의 대원을 모집한 손원일은 정긍모의 친척으로부터 한옥 한 채를 빌려 그들을 수용했다. 하지만 그들을 먹이고 재우는 일이 쉽지만은 않았다. 주위에서는 손원일과 해사대 대원들에게 '미친 사람들'이라며 손가락질을 했다고 한다.

---

10) 한갑수(韓甲洙, 1921.~2012.): 진해고등해원양성소 기관과 21기 졸업. 추세이마루(忠誠丸) 2등기관사와 신기슈마루(新義州丸) 1등기관사로 근무. 초대 포항기지사령관, 행정참모부장, 제7대 해군공창장 역임. 해군 준장 예편.

미군정의 시작

1945년 9월 8일, 미군이 한반도에 진주했다. 한반도에서 가장 가까운 오키나와에 주둔하고 있던 미 제24군단 선발대(군단 지휘부와 제7사단)가 인천에 상륙한 것이다. 미군은 그다음 날인 9월 9일 오전 8시경, 시민들의 열렬한 환영을 받으며 서울로 들어왔다.

이날 오후 4시, 조선총독부 제1회의실에서 미군과 일본군 간에 항복문서 조인식이 거행되었고, 이어 주한 미 육군사령부가 발족되었다. 주한 미 육군사령부는 미 육군 제24군단과 그 예하부대(6사단, 7사단, 40사단)로 구성되었다. 사령관은 제24군단장 하지(John R. Hodge) 중장이었으며, 제7사단장 아놀드(Archibald V. Arnold) 소장이 군정장

하지 중장

관(軍政長官)에, 쉬크(Lawrence E. Schick) 준장이 경무국장(警務局長)에 임명되었다. 미군에 의한 군정이 시작된 것이다.

미군정은 한반도에서 군대를 창설할 생각이 전혀 없었다. 국군은 향후 선거를 통해 수립될 합법정부가 창설할 일이고, 그때까지는 국내치안을 담당할 경찰 병력만 유지하면 된다는 것이 미군정의 정책이었다. 그런 이유로 미군정은 한반도 남쪽에 난립하고 있던 모든 사설 군사단체들이 불법이라고 선언했다. 해사대 또한 사설 군사단체의 하나였으니, 손원일로서는 큰 일이 아닐 수 없었다.

하지만 손원일은 포기하지 않았다. 9월 30일, 손원일이 조선해사보국단(朝鮮海事報國團)의 선원계장을 지낸 석은태(石銀泰)[11]를 찾아갔다. 조선해사보국단은 일제강점기 시절의 반관반민(半官半民) 단체로, 선원들의 후생사업과 배급을 담당하던 기관이었다. 광복 후에 석은태가 이 기관을 접수하여 자치위원회를 조직했고, 자신이 자치위원장을 맡고 있었다.

손원일과 석은태는 해사대와 조선해사보국단을 통합하기로 합의했다. 새 단체의 이름은 '조선해사협회(朝鮮海事協會)'로 정했다. 위원장은 손원일이 맡기로 하고, 부위원장을 맡은 석은태가 자금을 지원하기로 했다.

---

11) 석은태(石銀泰, 1913.~2002.): 일본 주오(中央)대학 법학과 졸업. 1940년부터 조선해사보국단 선원계장으로 근무하다가 광복 이후에 이 조직을 접수하여 자치위원장을 맡음. 주로 해군 경리 분야에서 근무하다가 대령으로 예편.

칼스텐과의 담판

1945년 11월 초순, 손원일이 미 군정청 운송국(運送局)의 해사과장(海事課長)인 칼스텐(Carsten) 소령을 찾아갔다. 해군 창설에 대해 담판을 벌이기 위해서였다. 다음은 해군사관학교 제1기이며, 제7대 해군참모총장을 역임한 함명수 예비역 해군 중장의 증언이다.

함명수 제독(2015. 12. 30.)

"미 군정청은 해안선의 밀수 방지, 혹은 조난선 구조, 혹은 등대 관리 등 해안선에 대한 임무를 맡을 한국의 조직이 필요했습니다. 마침 손원일 제독이 가서 그런 안을 제안하니까 칼스텐이 이렇게 말했어요.

"아, 나도 그거 필요한데 그럼 당신이 맡아서 해주시오."
하지만 손 제독이 조건을 걸었지요.
"당신이 코스트 가드(해안경비대)라고 그러는데, 나는 해군을 건설할 사람이니까 앞으로 해군이 된다는 전제를 보장해주면 이것을 맡겠다. 대원은 한 200명, 그다음에 간부를 양성해야 하니까 해군사관학교를 설치한다. 그 위치는 진해 군항 내로 정한다."
그래서 몇 가지 사항을 합의를 했어요."[12]

    태평양전쟁 이후 미군은 일본 도쿄(東京)에 극동군사령부(極東軍司令部)를 설치하여 군정을 실시했다. 1945년 9월 2일, 맥아더(Douglas MacArthur) 극동군사령관이 일본 주변 해역에 해상 경계선을 그었다. 일명 맥아더라인이었다.

    일본 어선들은 이 선 안에서만 조업을 할 수 있었다. 하지만 일본 어선들은 라인을 넘어 수시로 우리 해역을 침범했다. 특히 제주도 남쪽 해역으로 일본 어선들이 많이 넘어와 불법 조업을 하곤 했다. 그뿐만이 아니었다. 바다를 이용하여 밀수를 하는 사람들도 골칫거리였다.

    손원일이 찾아오자, 칼스텐은 "옳다구나." 했던 것으로 보인다. 칼스

---

12) 제7대 해군참모총장 함명수 예비역 해군중장 인터뷰, 2015년 12월 30일, 명동소육(明洞燒肉) 음식점

텐 소령은 손원일에게 "마침 맥아더라인의 경비와 밀수선을 단속하는 해안경비대(Coast Guard)가 필요하니 당신이 맡아주면 좋겠다."고 권유했다.

하지만 손원일은 "나는 코스트 가드 수준이 아니라 해군을 건설하려는 사람"이라며 그 제안을 거절했다. 그러자 칼스텐은 "머지않아 한국인의 정부가 수립되면 해안경비대가 해군이 되도록 지원하겠다."는 약속을 했다.

결국 손원일과 칼스텐은 우선 200명 규모의 해안경비대를 창설하고, 해안경비대 본부와 해안경비대 사관학교를 진해(鎭海)에 설치하기로 합의했다. 손원일이 해방병단을 진해에 설치하기로 한 이유는, 진해가 일본 해군의 요항사령부(要港司令部)가 있었던 군항(軍港)이었기 때문이었다.

마침내 1945년 11월 11일 오전 11시, 서울 종로구 관훈동 충훈부 건물에서 해안경비대가 창설됐다. 손원일의 나이 36세 때였다. 미군정 측에서는 해안경비대를 말 그대로 '코스트 가드'라고 불렀지만, 우리는 '해방병단(海防兵團)'이라고 명명했다.

손원일이 해방병단 창단일을 11월 11일로 택한 데에는 큰 뜻이 숨어 있었다. 외국 선박에서 일하던 시절, 그는 선진국 해군을 목격할 때마다 신사도(紳士道)에 감명을 받았다고 한다. 그런 까닭에 해군은 신사여야 한다는 신념으로 선비 '사(士)'자 2개가 포개지는 11(十一)월 11(十一)

일을 창단일로 잡았던 것이다. 해방병단의 주요간부는 다음과 같다.

단　　장　손원일(孫元一)
일반행정　민병증(閔丙曾)
항해교육　김영철(金永哲)
기관교육　정긍모(鄭兢謨), 한갑수(韓甲洙)
군사훈련　김동준(金東俊), 김정주(金廷柱)
경　　리　석은태(石銀泰)[13]

해방병단 창설 기념식. 앞줄 왼쪽으로부터 ③한갑수 ⑤김영철 ⑥정긍모 ⑨칼스텐 ⑩칼스텐 부인 ⑫손원일 ⑬민병증 ⑮석은태

13) 해군본부, 「대한민국해군 창군사」, P.42.

11월 12일 오전 6시, 70여 명의 단원을 이끌고 진해에 도착한 손원일은 태화여관(泰和旅館)에 여장을 풀고, 진해주둔 군정관 에드워드(Edward) 육군 대위를 찾아갔다. 에드워드 대위는 미 40사단 포병대대 소속의 장교였다. 당시 진해는 미 40사단장 마이어스(Donald J. Myers) 준장의 책임 하에 있었다. 손원일은 에드워드 대위에게 진해에 내려온 목적을 설명하고 협조를 요청했다.

11월 14일, 손원일과 단원들은 일본 해군이 사용했던 항무부(港務部) 건물로 거처를 옮겼다. 하루 전날, 해방병단의 장래에 회의를 품은 17명이 이탈하는 바람에 단원은 53명으로 줄어있었다.

비록 건물 한 동을 확보했지만, 말이 건물이지 바깥과 별 다름이 없었다. 광복 후에 주민들이 일본에 대한 분풀이를 해서였는지, 항무부 건물의 유리창은 모두 깨져있는 상태였다. 그 때문에 한 겨울의 차가운 겨울바람이 건물 안으로 고스란히 들이닥쳤다. 단원들은 난로도 없는 숙소에서 군용담요 한 장에 의지한 채 추위를 견뎌야 했다.

단원들을 먹이고 입히는 것이 더 큰 문제였다. 손원일을 포함한 간부들이 개인 주머니를 털었지만, 턱 없이 부족했다. 얼마 지나지 않아 장래에 대한 불안과 배고픔에 시달리던 단원 16명이 또 이탈했다. 이제 남은 단원은 37명뿐이었다. 하지만 손원일은 실망하지 않았다. 손원일은 서울의 미 군정청과 진해를 오가며 당면한 문제들을 하나씩 해결해 나갔다. 손원일의 부인 홍은혜는 당시를 이렇게 회상한다.

배고픈 가운데 힘들게 훈련을 받으려니 해군들은 지쳐갔고 그 수도 점점 줄어들어 30명이 되었다. 당시 배급으로 주는 강냉이가루 죽을 훌훌 마시는 것으로는, 훈련에 임하는 장정들에게는 턱없이 부족하였다. 그래서 나는 친정 마산에 가서 밀가루, 기름 등을 얻어서 빵을 만들어주기도 하고, 콩을 얻어 볶아 먹이기도 했다. 돌아보면 가장 배고팠던 시절이었는데, 그때 남편과 나는 서로 마주보며 웃을 때가 많았던 것 같다. 남편에게는 '우리나라 해군을 건설한다는 희망'이, 나에게는 남편을 내조하며 해군 창설에 나의 힘을 보태는 일이 보람으로 다가왔기 때문이다.[14]

---

14) 홍은혜, 「은혜의 항해」, P.91.

해군보다 이틀 늦게 창설된 국방부

1945년 11월 13일, 미군정이 군정법령 제28호를 공포하고, 그 법령을 근거로 군정청에 국방부의 전신인 국방사령부(國防司令部: Office of the Director of National Defense)를 설치했다. 해방병단이 창설된 이틀 후였다. 국방사령부의 임무는 사설 군사단체들이 난립하고 있는 혼란을 수습하고, 사회질서를 유지하는 것이었다.

국방사령부 내에 군사업무를 담당하는 군무국(軍務局)과 경찰업무를 관장하는 경무국(警務局)이 설치되었다. 이로써 경찰과 군사 조직의 모든 활동은 국방사령부장의 통제를 받게 되었다.

당초 미군정은 경찰 병력만으로 치안을 유지하려고 했다. 하지만 연일 계속되는 좌우익 간의 대립과 반목으로 정국이 나날이 불안해졌고, 경찰 병력만으로는 치안유지가 힘들었다.

이에 미군정은 모자라는 경찰 병력을 보조하기 위해 25,000명 규모의 '경찰예비대(Korean Constabulary Reserve)', 즉 국방경비대를 창설하기로 결정한다. 그리고 만주군 계열의 맏형격인 원용덕(元容德)과 일본군

계열의 좌장격인 이응준(李應俊)과 접촉하여 경찰예비대 창설을 추진해나간다.

원용덕

이응준

그런데 국방사령부가 해방병단보다 이틀 후에 생기는 바람에 작은 문제가 발생했다. 해방병단은 군정청 운송국 해사과장과 합의해 조직됐기 때문에 분명 사설 군사단체가 아니었다. 하지만 국방사령부처럼 군정법령(28호)에 의해 만들어진 공식조직도 아니었다.

이에 손원일은 약 2개월 동안 미군정 운송국과 국방사령부를 오가며 협의를 해야만 했다. 그 결과, 운송국에 속해 있던 해방병단을 국방사령부 예하로 편입시킨다는 합의를 이루어냈다. 마침내 1946년 1월 14일, 군정법령 제42호가 공포되면서, 이 법령에 근거해 해방병단이 국방사령부 예하로 편입됐다. 이날은 육군의 전신인 국방경비대(國防警備隊)[15]가 창설된 날이기도 하다.

해방병단이 국방사령부의 예하로 편입된 이후 가장 큰 변화는 예산 문제였다. 국방사령부에 편입되기 이전까지 해방병단은 미 군정청으로부터 예산을 지원받지 못했다. 국방사령부에 편입된 이후, 많지는 않아도 예산을 지원받게 된 손원일은 그나마 한숨을 돌릴 수 있게 되었다.

1946년 1월 15일, 국방사령부는 진해군항 내에 해방병단총사령부를 설치하고, 총사령관에는 해방병단장 손원일을 그대로 보임시켰다. 그해 2월 1일, 손원일은 참령(叅領: 소령)[16]에 임명되었고, 해군 장교 군번 1번인 80001번의 군번을 받았다.

---

15) 국방경비대(國防警備隊): 미군정 측 명칭은 '조선경찰예비대'이다. 하지만 경찰예비대라는 명칭에 자존심이 상한 우리 군에서는 '남조선국방경비대'라고 불렀다.

16) 처음 해방병단과 국방경비대 계급 호칭은 대한제국군의 군제를 따랐다. 이후 계급의 호칭이 어렵고 불편하다는 의견이 계속 나와, 1946년 12월 1일에 미 육군의 계급제도를 참작하여 호칭을 바꾸게 된다.

해군병학교 개교와 조함창 창설

 전술한 바와 같이 해방병단에는 해군으로 근무했던 경력자들이 거의 전무했다. 그런 까닭에 해방병단의 간부는 민간인 일색이었다. 초대 해군총참모장을 역임하게 되는 손원일부터가 중국과 독일 상선의 항해사 출신이었고, 당시 손원일을 도와 해방병단을 창설한 주역들인 정긍모, 한갑수 등도 일본 여객선의 기관사 출신이었다. 한마디로 군함의 특성이나 해군 무기체계에는 문외한이었던 것이다.

 해방병단의 창설 멤버들은 이후 해군의 상층부에서 지휘관이나 참모로 근무하면서 해군의 골격과 행정체계를 만드는데 공헌했지만, 태생적인 한계 때문에 함정을 몰고 전투를 수행하는 해군 본연의 모습과는 거리가 있을 수밖에 없었다. 이것이 손원일의 고민이었다. 민간인 출신이 아니라 시작부터 군인인 장교들이 필요했던 손원일은 그런 인재를 키울 사관학교의 설립을 서둘렀다.

 1945년 12월, 서울 종로 YMCA 건물에 사무실을 마련한 손원일은 해방병단 단원 모집과 함께 사관생도의 모집공고를 신문에 냈다. 그리고 서울과 부산, 진해의 주요 거리 곳곳에 모집 벽보를 붙였다. 그 결과 전국에서 900여 명의 지원자가 쇄도했는데, 필기와 면접시험을 통해 모두 90명을 선발하였다.

"광복이 되면서 첫째로 느낀 것은 역시 나라에는 나라를 지키는 군대가 있어야 되겠다. 우리나라가 식민지가 된 것도 나라를 지킬 힘이 없으니까 그렇게 된 것 아닙니까. 군인이 가장 신성한 남자의 직업이라는 생각이 들었고, 서울역 앞에서 대한민국 해군병학교 학생을 모집하는데, 우수한 학생은 미국 해군사관학교에 유학을 보내준다는 조항이 있었어요. 평양사범에 다닐 때의 은사 이숭녕 선생님이 이렇게 말씀하셨어요.

"미국이 세계 최강국 아니냐. 만일 자네가 해군사관학교에 들어가게 되면, 남들보다 뒤떨어지지는 않을 것 아니냐. 미국 유학 가는 좋은 기회다."

그래서 해군병학교 시험을 쳤어요. 합격한 1기생들이 1945년 말에 진해에 모였습니다. 서울에서 모집하고 진주, 부산 등 각처에서 모집했는데, 저는 서울 모집의 말석을 차지하고 가서 초창기 내용을 잘 압니다.

"조국의 바다를 지키는 대한민국의 해군 건설은 결코 쉽지 않다. 그러니까 우리는 최선을 다해서 애로를 극복하는데 있어서 애국심을 발휘하여야 한다. 너희들은 충무공의 후예라는 것을 잊지 말아라."

손원일 제독이 그때 강조하신 말씀입니다."[17]

  1946년 1월 17일, 해군을 발전시킬 인재를 양성하기 위해 백방으로 노력하던 손원일의 꿈이 결실을 맺었다. 진해 해방병단 총사령부에서 해군사관학교의 전신인 해군병학교(海軍兵學校)를 개교한 것이다. 초대 교장은 손원일이 직접 맡았다.

  학교의 이름은 이후 해안경비대사관학교-해안경비대학-해사대학-해군대학으로 바뀌었고, 1949년 1월 15일에 현재의 교명인 해군사관학교로 정해졌다. 해군사관학교는 6·25전쟁이 발발하기 직전까지 1~3기생을 임관시켜 배출한다.

  선발된 90명의 생도들은 1946년 2월 8일, 해군병학교에 입교했고, 그 다음날인 2월 9일에 입교식을 가졌다. 손원일은 해방병단을 창설할 당시 공이 많았던 하사관들과 수병들에게도 해군병학교에 입교할 수 있도록 배려를 했다. 이들을 대상으로 별도의 시험을 치러 2월 20일에 10명, 3월 18일에 13명을 추가로 선발했다. 이로써 해군병학교 1기생들은 모두 113명으로 늘어났다.

  손원일의 수제자들인 이들은 훗날 해군 발전의 주역으로 활약하게 된다. 제6대 해군참모총장 이맹기(李孟基), 제7대 해군참모총장 함명수(咸明洙), 제8대 해군참모총장 김영관(金榮寬), 제9대 해군참모총장 장지수(張志洙), 그리고 해병대로 전과하여 제6대 해병대사령관으로 활약

---

17) 제7대 해군참모총장 함명수 예비역 해군 중장 인터뷰, 2010년 3월 24일, 대방동 해군호텔

하는 공정식(孔正植) 등이 바로 그들이다.

해군병학교(해군사관학교) 제1기생들과 교관들

해방병단총사령관 겸 해군병학교 초대 교장인 손원일은 생도들이 문무를 겸비해야 된다고 생각했기 때문에 일반 대학교처럼 군사학 과목 외에 일반 교양과목도 가르쳤다.

교양과목은 일반 대학교에서 교수를 초빙하여 가르쳤으며, 군사학 과목은 미 해군 장교들과 진해고등해원양성소 출신들에게 맡겼다. 군대처럼 규율이 엄격했던 진해고등해원양성소 출신들이 항해, 기관 등의 선박 운용술은 물론 군사 지식까지도 많이 알고 있었기 때문이었다. 처음 한 달여 동안은 손원일도 직접 강의를 맡았다. 항해학 강의였다. 다음은 손원일에 대한 김영관(金榮寬) 생도의 첫 인상이다.

"1기생들의 최대 관심사는 자신들의 청춘과 미래를 맡길 해군의 총책임자가 누구이며, 얼마나 실력을 갖추었으며, 과연 믿을만한 분인가였다. 이에 대해 만족할만한 대답이 나오면, 다른 모든 것이 부족해도, 그것 하나에 희망을 걸고서 모든 어려움을 견뎌보자는 각오였다. 그러던 어느 날 손 교장이 직접 강의실에 들어와 원어로 된 책으로 항해술을 가르쳤다. 그의 세련된 풍모와 인격, 뛰어난 외국어 실력과 우렁찬 목소리에 사관생도들이 완전히 매료됨으로써 존경과 신망을 받게 됐다."[18]

약 6개월 동안 강의실 수업이 진행된 후 8월 19일부터는 해상실습에 들어갔다. 당시 38도선 이남의 해안에는 미 해군 제7함대 소속의 구축함들이 초계경비를 하고 있었는데, 손원일은 생도들이 그곳에서 실습을 할 수 있도록 미 군정청과 교섭했다. 세계 최강의 선진 해군을 경험하게 하려는 손원일의 원대한 계획이었다. 진해를 떠나 부산기지에 배속된 1기생들은 이 함정들에 승선하여 해상훈련을 받았다.

1946년 2월 7일, 해방병단 조함창(造艦廠)[19]이 창설됐다. 조함창은 함정을 만들고 수리하는 기관으로, 함정을 확보하기 전에 반드시 먼저

---

18) 이맹기 추모 사업회, 「선공후사의 귀감, 해성 이맹기」, P.26.
19) 해방병단 조함창: 1946년 6월 15일, 조선해안경비대 조함창으로 이름을 바꾸었다가, 1948년 9월 5일에 해군 조함창으로 개칭했다. 이어 1952년 5월 3일에 해군 공창으로, 다시 1986년에 해군 정비창으로 이름을 바꾼다.

확보해야 하는 부대였다. 현역 11명, 군무원 13명, 총 24명으로 출발한 조함창의 초대 창장에는 장호근(張湖根)이 임명됐다.

조함창 창설에는 과거 진해요항사령부 공창에서 근무했던 엄두섭(嚴斗燮), 이기택(李起宅) 등 기술자들의 공헌이 컸다. 이들은 폐허로 변해버린 옛 일본군 공창을 밤낮없이 정리해나갔다. 그해 4월, 손원일은 대원을 50여 명으로 늘려 당장 사용할 수 있는 기자재들을 정리하게 했다. 그리고 조함창의 정리가 대충 마무리되자, 일본 해군이 만들다가 중단한 비행기 구조정(救助艇)을 다시 건조하게 했다. 광복이 되는 바람에 건조가 중단된 배였다.

해군병학교 개교와 조함창 창설, 손원일은 이렇게 한 걸음 한 걸음 해군의 기틀을 만들어나갔다.

해방병단, 조선해안경비대로 개칭

1946년 6월 15일, 해방병단이 조선해안경비대(朝鮮海岸警備隊)로 이름을 바꿨다. 해군병학교도 해안경비대사관학교로 이름이 바뀌었다. 이날 국방경비대도 조선경비대(朝鮮警備隊)로 개칭한다.

1946년 3월 20일, 미국과 소련이 '한반도 통일정부'의 수립을 논의하기 위해 서울에서 '제1차 미소공동위원회'를 개최했다. 여러 차례에 걸친 회의에도 불구하고 결론은 나오지 않았다. 이미 북한에 공산정권을 세운 소련이 사사건건 트집을 잡으며 회의를 지연시킨 것이다. 결국 5월 8일, 회의는 무기한 휴회에 들어갔다.

미소공동위원회가 진행되고 있던 3월 29일, 미군정이 국방사령부 산하에 있던 경무국을 따로 독립시키고, 국방사령부를 국방부로 개칭했다. 이것이 문제가 되었다. 미소공동위원회의 소련 대표가 국방부라는 새 이름에 제동을 걸었던 것이다.

소련 대표는 "미소 양국이 한국의 통일정부 수립에 관해 논의하는 시점에서 정부기관을 의미하는 '국방부'라는 용어를 무슨 의도로 사용하는가?"라고 항의했다. 즉 남한에 국방부를 두고 군대를 양성하는 것은 남한 단독정부를 수립하겠다는 의도이며, 이것은 또한 북한을 무력으로 점령하겠다는 뜻을 갖고 있는 것이라고 주장했던 것이다.

그해 6월 15일, 미군정이 국방부라는 명칭을 다시 '국내경비부(Department of Internal Security)'로 변경했다. 소련의 반발을 무마하기 위한 방편이었다. 이에 따라 해방병단과 국방경비대도 각각 조선해안경비대와 조선경비대로 이름을 바꾸었던 것이다.

한편, 국내경비부라는 명칭에 우리 군 관계자들이 반발했다. '국내'라는 단어가 자존심을 상하게 했던 것이다. 그 결과 우리 군은 '국방'의 뜻을 그대로 살리기 위해 조선말의 군제인 통위영(統衛營)의 이름을 따서 국내경비부를 통위부(統衛部)라고 호칭하였다.

미소공동위원회가 결렬되자, 하지 중장은 소련 측의 양보를 얻어내기 위한 압력 수단의 하나로 미군정이 갖고 있던 행정권을 점차적으로 한국인에게 이양하기 시작했다. 이러한 정책에 따라 통위부의 행정권 또한 한국인에게 넘기기로 결정했다.

이에 따라 1946년 9월 12일, 임시정부 군무부 참모총장을 역임한 유동열(柳東悅, 당시 69세) 장군이 통의부장에 취임했다. 역사적인 날이었다. 그때까지 통위부장직을 수행했던 프라이스(Terrill E. Price) 대령은 통위부의 수석고문관에 임명됐다.

조선해안경비대의 총사령부가 진해에 있다 보니 예산 편성이나 보급 등 업무를 수행하는데 불편한 사항이 많았다. 이 때문에 손원일은 미

군정 측에게 총사령부를 서울로 옮기겠다고 여러 번 요청했었지만, 거절을 당하곤 했다. 유동열이 통위부장이 되면서 이 문제가 해결되었다. 손원일의 건의를 받은 유동열이 총사령부의 서울 이전을 승인했던 것이다.

1946년 10월 1일, 조선해안경비대 총사령부가 통위부의 부속 건물로 이전했다. 그리고 이날 손원일은 해군 부령(副領: 중령)으로 진급하게 된다.

이에 앞서 9월 15일, 미 군정청이 "부산에 LCI(Landing Craft Infantry: 상륙용 주정) 2척이 도착했으니, 와서 가져가라."고 조선해안경비대에 통보했다. 미군이 우리에게 양도한 첫 번째 배들이었다. 이 배들은 미 해군이 상륙용으로 사용하던 387톤급 디젤기관의 배로 조선해안경비대가 소유하게 된 최초의 군함들이었다.

함명수 제독의 회고록 '바다로 세계로'에 의하면 당시만 해도 배를 움직일 수 있는 사람이 없어, 염치없지만 진해까지 가져다 달라고 요청을 했다고 한다.

10월 29일, 진해군항 제3부두에서 LCI 2척 중 정비와 교육훈련을 먼저 마친 1척에 대한 명명식이 거행되었는데, 그 이름이 '서울정'이었다. 서울정은 한국 해군의 함대세력표(Fleet List)에 등록된 최초의 군함이었다. 다른 1척은 11월 11일에 '진주정'으로 명명됐다.

홍은혜의 내조

1946년 9월의 어느 날 아침, 창문을 열던 홍은혜의 입가에 미소가 번져갔다. 자식 같은 조선경비대 대원들이 우렁찬 군가에 맞춰 행진을 하고 있었다. 흐뭇하게 그 모습을 지켜보고 있던 홍은혜가 무언가를 깨닫고 화들짝 놀랐다.

군가의 곡조(曲調)가 어디선가 많이 듣던 것이었다. 놀랍게도 일본군 군가의 곡조였다. 창군이 된 지 얼마 되지 않아 우리 군가가 없던 시절이라, 장병들이 일본 군가의 곡조에 우리말 가사를 붙여 부르고 있었던 것이다. 홍은혜가 남편을 찾았다.

"여보, 저 노랫소리 좀 들어보세요. 일본 군가에 한국어 가사를 붙였네요."

홍은혜는 일제강점기가 끝났는데도 여전히 일본 군가를 부르는 현실이 안타까웠다. 잠시 노랫소리에 귀를 기울이던 손원일이 입을 열었다.

"그렇군, 우리 군가를 만들어야겠어."

그 일을 계기로 손원일은 바쁜 와중에도 틈틈이 새로운 군가의 노랫말을 쓰기 시작했다. 얼마 후 가사를 완성한 손원일이 홍은혜에게 보여주었다. 이화여전 음악과 출신인 홍은혜는 남편의 가사에 자신이 직접 곡을 붙이고 싶었다.

"여보, 이 가사에 제가 곡을 붙여보고 싶어요."

이렇게 해서 손원일이 작사하고, 부인 홍은혜가 작곡한 '바다로 가자.'라는 새 군가가 탄생되었다. 1946년 9월 말의 일이었다. 이 군가는 지금까지도 대한민국 해군의 대표적인 군가로 애창되고 있다. 손원일 부부가 불후의 명곡을 만들어낸 것이다.

홍은혜는 이후에도 많은 군가를 작곡한다. 그 중에서도 대표적인 것이 1947년 6월에 작곡한 '해군사관학교 교가'이다.

1947년 초, 해군사관학교 제2대 김일병(金一秉) 교장이 유명한 시조 시인이자 사학자인 노산(鷺山) 이은상(李殷相)에게 해군사관학교 교가의 노랫말을 부탁했다. 그해 6월 초, 이은상이 노랫말을 완성하자, 김일병은 다시 작곡을 공모했다. 이 공모에는 이름난 작곡가들인 현제명(玄濟明), 김성태(金聖泰), 김동진(金東振) 등도 참여했다.

이 소식은 들은 홍은혜도 남편 몰래 응모하기로 마음먹었다. 친정에 다녀오겠다고 둘러대고, 마산으로 향한 홍은혜는 며칠 동안 바다를 바라보며 작곡에 몰두했다.

해안경비대총사령관 손원일 대령(1947년 1월 1일 진급)이 아내의 응모 사실을 안 것은 접수된 곡들을 심사하던 6월 말이었다. 손원일은 "오해의 소지가 있으니, 아내의 곡을 제외하는 것이 좋겠다."고 김일병 교장에게 자신의 뜻을 전했다. 하지만 '공평하게 심사를 하면 된다.'고 생각한 김일병은 손원일의 뜻에 따르지 않았다.

　김일병은 공정한 심사를 위해 해사 2기생들에게 심사를 맡겼다. 제출된 노래를 생도들이 차례로 불러본 후, 점수를 매기는 방식이었다. 물론 누구의 곡인지는 일체 비밀이었다. 그 결과, 놀랍게도 홍은혜의 곡이 가장 높은 점수를 받았다. 해군을 위해 모든 힘을 쏟고 있는 남편을 바로 옆에서 지켜본 홍은혜였기 때문에, 그녀의 곡이 생도들의 가슴에 가장 인상 깊게 다가섰던 모양이었다.

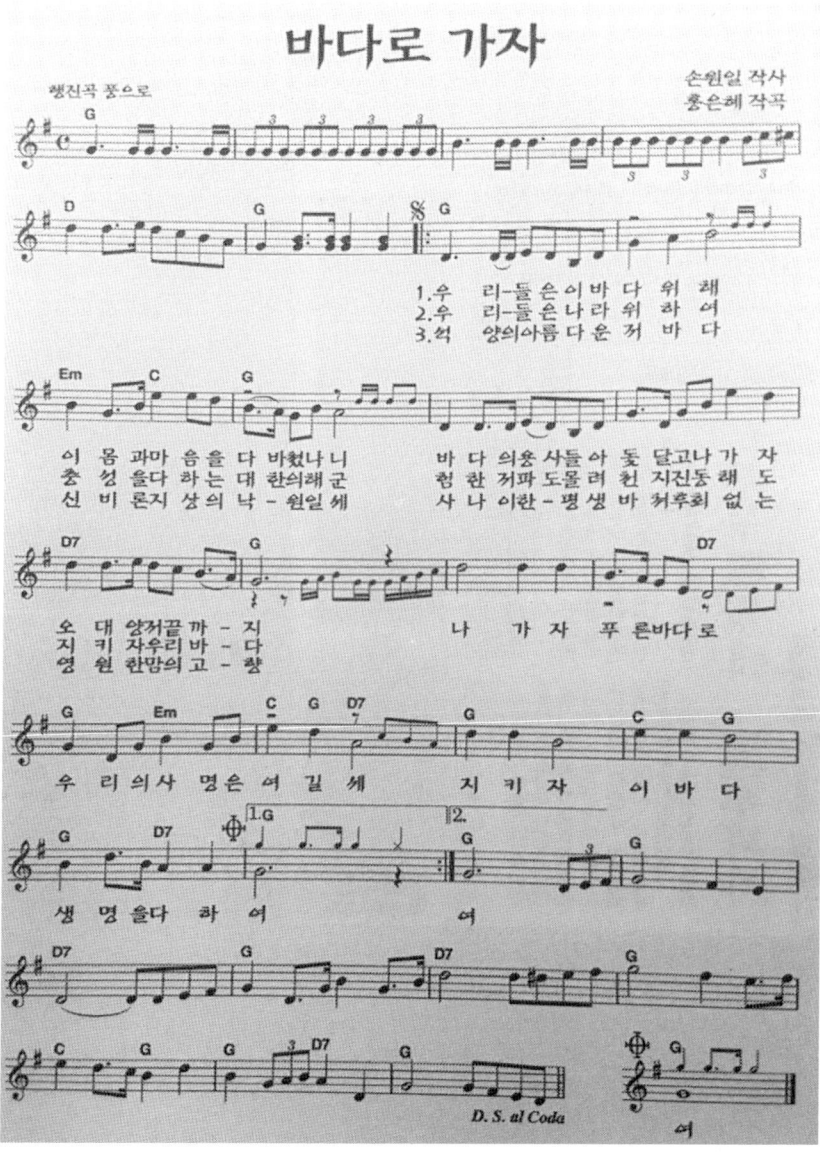

'바다로 가자.' 악보

'해군사관학교 교가'

해사 1기 졸업식과 충무공정 명명식

　미 해군 구축함에서 해상실습 중이던 1기생 61명이 졸업도 하기 전인 1946년 12월 15일, 해군 소위로 임관했다. 113명이었던 1기생 가운데 50%가 조금 넘는 생도들만 임관한 것을 보면, 교육 과정이 매우 엄격했음을 알 수 있다. 1기생의 졸업식은 이듬해인 1947년 2월 7일에야 거행됐다. 졸업식이 늦어진 것은 1기생들이 미 7함대의 구축함들에 승선하여 해상실습을 하고 있었기 때문이었다.

　미 해군 구축함들은 불법조업이나 밀수를 하는 선박들을 단속하고, 나포된 배들을 각 경비부에 인계하는 임무를 수행하고 있었다. 이들 구축함들이 인천, 목포, 부산 등에 입항할 때마다 생도들이 하선을 하여 학교로 돌아왔기 때문에 생도 전원이 돌아오는데 무려 한 달 반 이상이 걸렸던 것이다.

　1기 생도들의 졸업식이 거행된 1947년 2월 7일, 우리 기술진이 처음으로 만든 함정 충무공정(PG-313)의 명명식(命名式)도 함께 거행됐다. 1기 생도들과 충무공정은 동기인 셈이다. 명명식 사진을 보면 갑판 가

특히 젊은 장교들이 촘촘하게 도열해있는데, 이들이 바로 1기생 소위들이다.

충무공정 명명식(1947. 2. 7.)

충무공정의 건조는 한국 해군 조함의 효시로서 역사적인 일이었다. 일본 해군이 비행기 구조정(救助艇)으로 설계한 충무공정은 비행기를 실어야하기 때문에 상갑판의 공간이 넓은 함정이었다. 한창 배를 만들던 중 광복이 되는 바람에 작업이 중단되었는데, 1946년 7월 15일부터 우리 해군이 조함을 재개해 불과 7개월도 되지 않는 짧은 기간에 건조를 완료하는 쾌거를 이뤄낸 것이다.

당시 해군에는 일본 해군이 남긴 소해정(기뢰를 제거하는 소형 함정: JMS), 그리고 미 해군으로부터 인수한 소해정(YMS)과 상륙용 주정(LCI) 들이 있었다. 따라서 그동안 우리 해군은 일본 함정의 마스트(mast: 선체의 중심 갑판에 수직으로 세운 기둥)에서 일장기를 떼어내고 태극기를 올리거나, 미군이 제공한 함정에서 성조기를 내리고 태극기를 올렸었다.

하지만 충무공정은 처음부터 태극기를 올리고 진수식을 거행한 배였다. 이를 계기로 조선해안경비대는 독자적으로 배를 만들 수 있다는 자신감을 갖게 됐다. 비록 배수톤수 287톤, 길이 46.6m, 폭 6.7m, 최고속력 13노트에 불과한 작은 배였지만, 아직 남한 땅에 정부가 세워지지도 않은 상황에서 독자적으로 배를 만들어냈다는 바다 사나이들의 자부심은 대단했다.

이후 충무공정은 한국해역을 침범하는 일본 어선과 밀수선을 단속하는 임무를 훌륭히 수행한다. 뿐만 아니라 우리 해군의 기함(旗艦) 역할도 수행했다. 지금 생각해보면 격세지감(隔世之感)을 느끼지 않을 수 없다.

대한민국 정부 수립

 광복 이후 미국과 소련은 미소공동위원회를 개최하여 한반도의 통일정부 수립에 대해 논의했다. 1947년 5월 21일, 제2차 미소공동위원회가 재개됐지만, 이미 북한지역의 공산화에 성공한 소련은 한반도에서 미군과 소련군이 동시에 철군하자고 주장했다. 미군이 나간 후에 남한지역마저 공산화하겠다는 계산이었다.

 결국 소련과의 협상을 통해 남북한 통일정부를 수립하는 것이 어렵다고 본 미국은 1947년 9월 17일, 한반도 문제를 UN에 이관하고 말았다. 그 결과 1947년 11월 14일, UN은 남북한 자유총선거를 실시해 통일정부를 수립하기로 결의했다.

 다음 해인 1948년 1월 8일, UN한국임시위원단이 남한에 들어왔다. 남북한 총선거를 진행하기 위해서였다. 하지만 소련은 UN한국임시위원단이 북한 지역으로 들어오는 것을 거부했다.

 결국 UN은 1948년 2월 26일, UN의 감시가 가능한 남한에서만 총선거를 치르기로 결의했다. 그것이 바로 1948년 5월 10일에 치러지는

5·10총선거이다.

1948년 5월 10일, 남한 총선거가 실시됐다. UN한국임시위원단 참관 아래 유사 이래 처음 치러진 선거는 총 유권자 813만여 명 중 무려 95.5%의 투표율을 기록했다. 5·10총선거에 의해 구성된 국회는 7월 20일, 초대 대통령에 이승만, 부통령에 이시영을 선출했다.

1948년 8월 15일 오전 11시 20분, 중앙청 광장에서 대한민국 정부 수립을 선포하는 성대한 경축식이 열렸다. 대한민국 정부가 공식적으로 출범한 것이다.

식이 끝난 후 조선경비대와 조선해안경비대가 오후 1시 30분부터 사열과 시가행진을 펼쳐 국군으로서의 새로운 면모를 국민들에게 처음으로 선보였다.

대한민국 정부가 수립됨에 따라 미군정을 마무리 짓기 위해 이승만 대통령과 하지 주한미군사령관이 1948년 8월 24일, '과도기의 군사안전에 관한 잠정협정'을 체결했다.

이 협정에 따라 조선경비대와 조선해안경비대는 1948년 9월 1일부로 대한민국 국군으로 편입됐고, 9월 5일에 육군과 해군으로 그 명칭을 바꿨다. 이에 따라 조선해안경비대총사령관 손원일의 직책도 해군총사령관으로 바뀌었다.

당시 5개 여단, 15개 연대를 보유한 육군의 병력은 장교 1,403명에 사병 49,087명으로 총 50,490명이었으며, 해군은 2개 특무정대와 3,000여 명의 병력을 보유하고 있었다.(공군은 1949년 10월 1일에 창설)

한편, 그해 9월 9일에 북한도 공식적으로 정부 수립을 선포했다. 조선민주주의인민공화국이 출범한 것이다. 북한이 남한보다 정부 출범을 늦게 선포한 것은 일종의 꼼수였다. 남북한 분단의 책임이 남한에게 있다고 전가하려고 했던 것이다.

대한민국 초대 대통령 이승만

 5·10선거를 통해 구성된 국회에서 압도적인 지지를 받고 대한민국 초대 대통령에 선출된 이승만(李承晩)은 수많은 독립투사와 애국지사들 중에서도 가장 추앙받는 인물이었다.

이승만

이승만은 1875년 3월 26일, 황해도 평산군(平山郡)에서 출생했다. 2세 때, 서울 남대문 근처의 염동(鹽洞)으로 이주한 그는 모든 양반자제들이 그랬듯이 어려서부터 과거급제를 목표로 서당에서 공부했다. 그는 열세 살부터 열아홉 살까지 과거시험에 계속 응시했지만 연거푸 낙방하는 고배를 마셨다.

1894년, 갑오경장의 개혁 시책에 따라 과거제도가 폐지되었다. 줄곧 과거시험을 준비하고 응시했던 청년 이승만으로서는 졸지에 삶의 목표가 사라지게 된 것이다. 이에 이승만은 서양학문으로 눈을 돌리게 된다.

1895년 4월, 이승만은 배재학당에 입학했다. 그곳에서 서양 선교사들과 서재필(徐載弼) 박사로부터 서양의 자유주의 사상과 민주주의 제도를 접한 이승만은 크나큰 충격을 받는다. 1897년 7월 8일, 2년 동안의 공부를 마치고 배재학당을 졸업한 이승만은 졸업식 날 800여 국내외 내빈들 앞에서 '조선의 독립'이라는 주제로 영어연설을 함으로써 온 장안이 주목하는 유명인사가 됐다.

이후 이승만은 한국 최초의 일간지인 매일신문을 창간하여 자유, 평등, 국권, 민권 등 근대적 정치사상을 전파하는 한편, 만민공동회의 가두연사로서 부패하고 무능한 정부를 비판하는 선봉에 섰다.

근대국가를 꿈꿨던 청년 이승만은 고종황제의 퇴위와 내각 중심의 입헌군주제를 도입하려는 박영효 등 급진개혁파들과 함께 쿠데타 계획에 가담하게 된다. 하지만 쿠데타 계획이 사전에 발각되어 1899년 1

월에 체포되었다. 그리고 그해 7월 11일, 곤장 100대와 종신징역을 선고받고 한성감옥서(漢城監獄署)에 수감됐다.

1904년 8월 9일, 이승만은 고종황제의 특사로 5년 7개월 동안의 수감생활을 마치고 출옥하게 된다. 그리고 그해 11월 4일, 인천항에서 미국 유학길에 오른다.

1905년 2월 16일, 조지워싱턴 대학에 입학한 이승만은 2년 반 만인 1907년 6월 5일에 학교를 졸업했으며, 그해 9월, 하버드 대학 석사과정에 입학했다. 1908년 6월 24일, 하버드 대학 석사과정을 수료한 이승만은 이어 그해 9월, 프린스턴 대학 박사과정에 입학했다. 그리고 1910년 6월 14일, '미국의 영향을 받은 국제법상 중립'이라는 논문으로 박사학위를 받는다.

단 5년 만에 미국의 최고 명문대학들에서 학사, 석사, 박사 학위를 모두 취득하는 놀라운 학습능력을 보여준 것이다. 이로써 이승만은 한국 역사상 최초로 근대적 학문을 연마한 국제정치학자가 됐다.

이승만이 프린스턴 대학에서 박사학위를 받은 지 3개월이 지난 1910년 8월 29일, 대한제국이 일본에 병탄되어 식민지로 전락하고 말았다. 이에 이승만은 조국의 청년들을 계몽하기 위해 귀국길에 올라, 그해 10월 10일에 경성에 도착했다.

이승만은 황성기독교청년회(지금의 서울 YMCA) 부설학교의 학감 직을 맡아 청소년들에게 성경과 서양사를 가르치는 한편, 민족의식과 개화사상을 불어넣는데 혼신의 힘을 기울였다.

1911년 11월, 일제가 테라우치(寺內正毅) 총독 암살미수사건을 조작하여 민족지도자들을 검거한 '105인 사건'이 터졌다. 일제는 민족지도자들과 기독교계 지도급 인물들을 대대적으로 검거하기 시작했다. 이에 신변의 위협을 느낀 이승만은 1912년 3월 26일, 다시 미국으로 떠났다. 귀국한 지 1년 5개월 만이었다.

　이승만은 1913년부터 하와이에 정착했다. 이 무렵 하와이에는 사탕수수밭의 노동자로 이주한 한국인 5,000여 명이 살고 있었다. 이승만은 이들 동포들을 기반으로 독립운동의 기지를 만들기 위해 하와이행을 결정했던 것이다. 이승만은 동포들을 계몽하는 한편, 한인 2세들에게 민족주의 교육을 실시했다. 또 한편으로는 외교를 통한 독립운동에도 적극적으로 나섰다.

　1919년, 3·1운동의 영향을 받아 국내외에서 여러 개의 임시정부들이 추진되던 당시, 거의 모든 세력들이 공통적으로 내세운 지도자가 이승만이었다. 그만큼 그는 국내외적으로 유명 인사였다.

　1919년 9월, 임시정부가 이승만을 초대 대통령으로 추대했다. 하지만 이승만은 미국에서 활동을 계속했다. 이승만은 대통령으로 추대된 지 1년이 훨씬 지난 1920년 12월 5일에야 상해에 도착하여 그해 12월 28일에 취임식을 가졌다. 이때 이승만을 설득하여 상해로 불러들인 사람이 손정도였다.

　상해에 도착한 이승만은 국무총리 이동휘 등 무장투쟁론을 주장하는 임정 요인들과 의견대립을 벌이기 시작했다. 미국식 민주주의를 신봉하는 이승만은 외교를 통한 독립이 최선의 방법이라고 주장했다. 무장투쟁은 일제의 탄압을 강화시키기만 할뿐, 조선인의 희생을 늘리는 쓸모없는 짓이라고 생각한 것이다. 무장투쟁론 측도 물러서지 않았다. 결국, 이승만은 상해에 온지 6개월만인 1921년 5월에 상해를 떠나 다시 하와이로 돌아간다.

이때 손정도는 이승만을 지지했던 것으로 보인다. 손정도의 행적으로 봤을 때, 무장투쟁보다는 민족계몽을 통해 힘을 기르는 쪽에 보다 비중을 둔 것으로 생각되기 때문이다. 이승만이 상해를 떠난 후 몇 달 지나지 않아 그 또한 만주로 건너가 한인정착촌 사업을 시작한 것을 보면, 손정도와 이승만의 노선이 비슷했던 것으로 보인다.

미국으로 돌아간 이승만은 이후, 워싱턴에서 열린 9개국 군축회의(1921년 10월~1922년), 스위스 제네바에서 열린 국제연맹 총회(1933년 2월) 등에 참석하여 한국의 독립을 호소하려고 했지만, 임시정부를 인정하지 않는 국제정세 때문에 번번이 고배를 마시고 만다. 이처럼 그의 '독립외교론'이 별로 효과를 나타내지 못하자 동포들 사이에서 이승만의 영향력이 크게 줄어들게 된다.

독립운동이 침체기를 맞은 것은 이승만이 활동했던 미주지역만이 아니었다. 일본이 만주사변(1931년)을 일으켜 만주를 점령하자, 만주지역의 독립군들은 갈 곳을 잃었다. 게다가 중일전쟁(1937년)이 발발한 이후에는 임시정부마저도 장개석 정부와 함께 중국 각지를 전전하는 신세가 돼버렸다.

1941년 8월, 이승만은 '일본이 미국을 곧 공격할 것'이라는 내용을 담은 '일본내막기(Japan Inside Out)'라는 책을 뉴욕에서 출간했다. 그런데 이승만의 예언대로 그해 12월 7일에 일본이 진주만을 기습 공격함으로써 그의 책은 일약 베스트셀러가 되었다.

호기가 왔다고 생각한 이승만은 중경(重慶)의 임시정부와 협의하여 12월 11일, 임시정부의 대일선전포고문을 미 국무부에 전달했다. 그리고 미국에게 대한민국임시정부에 군사원조를 해줄 것을 요청했다.

미국이나 국제사회에 한국의 독립을 호소하는 평화적인 외교노선에서 벗어나 보다 적극적인 군사외교를 펼쳐나가기 시작한 것이다. 그것은 이승만이 미국을 누구보다 잘 알고 있었기 때문이었다. 미국이 일본과 태평양전쟁을 시작했으니, 일본의 패망이 시간문제라고 생각한 것이다.

또한 이승만이 이러한 외교노선을 채택한 것은 전후 한반도의 상황을 미리 예측하는 혜안이 있었기 때문이었다. 전후 한반도가 자주독립을 보장받으려면 미국과 국제사회로부터 대한민국임시정부의 정통성을 승인받아야 하고, 그러기 위해서는 한인 군대와 병력이 전쟁에 참전해야 한다고 확신했던 것이다.

이승만은 미국 정부에 두 가지의 방법을 제시했다. 하나는 중국에 있는 광복군과 미군이 연합작전을 펼치는 것이었고, 다른 하나는 재미 한인만으로 독립적인 한인 부대나 특수부대를 창설해서 대일 정규전과 특수전에 투입시키겠다는 것이었다.

이승만의 다각적인 노력의 결과 1945년 4월 3일, 임시정부 김구 주석의 최종승인을 받아 미국 전략사무국(OSS: Officer of Strategic Service)이 중국에서 광복군 150여 명에게 특수훈련을 시작했다. 그리고 1945년 8월 8일, 훈련을 마친 요원들의 국내진공작전 실행이 결정됐다. 하지만 8월 15일에 광복이 됨으로써 이 작전은 필요가 없어지게 된다.

그것은 미국에서의 경우도 마찬가지였다. 이승만과 미 전략사무국은 1944년부터 한반도 침투계획의 일환으로 냅코계획(Napko Project)을 추진했다. 냅코계획은 미국에서 훈련시킨 한인 특수요원들을 오키나와 부근에서 잠수함으로 한반도에 비밀리에 침투시키는 작전이었다. 하지만 냅코작전 역시 일본이 항복함으로써 실행하지 못하게 된다.

1945년 10월 16일, 이승만이 귀국했다. 평생을 조국 독립에 헌신하다가 70세의 노인이 되어서야 고국으로 돌아온 이승만에게 온 국민은 박수와 환호를 아끼지 않았다. 그로부터 3년여 후에 이승만은 대한민국의 초대 대통령이 된다.

이승만과 손원일

 대통령이 된 이승만은 손원일에게 총애를 아끼지 않았다. 우선, 손원일은 자신과 함께 독립운동을 했던 동지의 아들이었다. 옛 동지와의 의리를 생각해서라도 중용하는 것이 당연했다.

 1945년 11월 중순, 막 해방병단을 창설한 손원일이 한 달여 전에 귀국한 이승만을 찾아가 인사했다. 옛 동지 손정도의 아들이 찾아오자 이승만은 매우 반가워했다. 그 자리에서 손원일이 해군을 만들겠다는 포부를 밝히자, 이승만은 아주 훌륭한 일을 한다며 크게 격려했다고 한다.

 이승만이 손원일을 아낀 이유는 그가 옛 동지의 아들이었다는 사실 때문만은 아니었다. 이승만은 해군이 얼마나 중요한지 잘 알고 있었다. 미국이 일본을 꺾을 수 있었던 가장 큰 요인도 막강한 해군력에 있었다.

 이승만은 대통령이 된 후, 우리 군을 호칭할 때 '육·해·공군' 순이 아니라 '해·육·공군'이라고 할 정도로 해군을 중요시했다. 손원일은 해군 불모지였던 대한민국에서 해군을 만든 주역이었다. 이승만에게 손원일은 없어서는 안 되는 존재였다.

이유는 또 하나 있었다. 신생국인 대한민국에게 미국은 반드시 필요한 나라였다. 미국과 협력하면서 국군을 발전시키려면 영어에 능통한 인재가 필요했다. 당시 국군의 수뇌 중에서 손원일만큼 영어를 유창하게 구사하는 인물은 손에 꼽을 정도였다. 이승만에게 손원일은 여러 면에서 반드시 필요한 존재였던 것이다.

미군정 당시, 별을 단 사람은 조선경비대사령관 송호성(宋虎聲) 준장 단 한 사람뿐이었다. 비록 국군의 연륜이 짧긴 했지만, 창피한 일이었다. 1948년 12월 10일, 이승만은 다섯 사람에게 국군 준장(准將) 계급장을 달아주었다. 육군에서는 이미 장군이었던 송호성 외에 이응준(李應俊), 김홍일(金弘壹), 채병덕(蔡秉德)이 장군으로 진급했으며, 해군에서는 손원일이 유일하게 진급했다.

그로부터 5일 후인 12월 15일, 이승만은 손원일을 초대 해군총참모장에 임명했다. 한 인물이 임시정부 초대 대통령과 대한민국 초대 대통령으로 선출된 것도 신기한 일이지만, 아버지와 아들이 같은 인물을 대통령으로 모시게 된 것도 보통 인연은 아니라는 생각을 해본다.

충무공 정신의 계승

해군총참모장에 취임한 손원일은 먼저 해군의 정신적인 지표를 확립해야한다고 생각했다. 그리고 그 지표는 충무공(忠武公) 이순신(李舜臣)의 정신을 이어받는 것이라고 생각했다. 이에 손원일은 '국가와 민족을 위하여 이 몸을 삼가 바치나이다.'라는 해군 표어를 만들고 장병들에게 여섯 가지 실천지침을 제시했다.

1. 군인은 국가에 충성하고 국민을 경애하자.
2. 군인은 명령을 지키고 책임을 다하자.
3. 군인은 명랑 활발하고 신의를 지키자.
4. 군인은 정치담(政治談)을 말고 도별담(道別談)을 폐지하자.
5. 군인은 충무공 정신에 살고 충무공 정신에 죽자.
6. 군인은 관품을 애호하고 물자를 절약하자.

여기서 주목되는 것은 네 번째 지침인 '군인은 정치담(政治談)을 말고 도별담(道別談)을 폐지하자.'이다. 손원일은 그의 아버지 손정도가 그랬던 것처럼, 해방병단 시절부터 도별담(道別談)을 금지했다. 경상도니 전라도니 하면서 패거리를 짓는 일이야말로 나라에 도움이 되지 않는다고 생각했던 것이다.

　손원일은 계파 간 파벌싸움이나 지역 간 차별감정을 없애기 위해 인사기록카드에 원적과 본적을 빼고 현주소만 기재하도록 했다. 인사보직을 하거나 진급심사를 할 때, 출신지역이나 출신학교 등을 무시하고 오직 능력과 경력 위주로 시행하게 했다. 손원일에게 군인의 임무는 오직 '국가와 민족을 위하여 이 몸을 삼가 바치나이다.' 단 하나였던 것이다.

초대 해군총참모장 손원일

여수 14연대반란사건과 해병대 창설

정부가 수립된 지 두 달이 조금 지난 1948년 10월 19일 밤, 여수에 주둔하던 제14연대의 좌익계열 군인들이 일반 장병들을 선동하여 반란을 일으켰다. 10월 20일 오전 9시경, 여수 시가지를 점령한 3천여 명의 반란군은 순천으로 진격했다. 20일 오후 3시경 순천을 완전히 장악한 반란군은 광양, 구례, 곡성, 고흥 등지로 세력을 넓혀나갔다.

이에 이승만 대통령은 계엄령을 선포하고 미군의 협조를 구해 반란군을 진압하기 시작했다. 10월 21일, 김백일(金白一) 대령이 이끄는 광주 5여단 예하의 4연대(광주 주둔)와 3연대(전주 주둔), 원용덕 대령이 지휘하는 대전 2여단 예하의 2연대(대전 주둔)와 12연대(군산 주둔), 그리고 부산 3여단 예하의 15연대(마산 주둔) 병력이 급파됐다.

해군도 PG-313 충무공정, 505정, 510정, 516정, 302정, 304정, 305정, 구룡정으로 임시정대를 편성하여 여수항에 파견했다. 해군의 임무는 반란군을 토벌하는 육군을 지원하는 한편, 해상으로 탈출을 기도하는 반란군을 봉쇄하는 것이었다.

10월 22일, 순천을 탈환한 토벌군이 10월 27일에는 여수까지 탈환했고, 반란군의 잔당은 지리산으로 도주했다. 여수가 수복된 다음날인 10월 28일, 손원일 해군총사령관이 신현준(申鉉俊) 중령과 함께 여수에 도착했다. 손원일은 다음날인 10월 29일, 토벌작전에 참가한 해군 함정들을 시찰한 후 302정을 방문했다.

302정장 공정식(孔正植)대위는 반란군토벌작전에 처음부터 끝까지 참가했던 유일한 해군장교였다. 공정식은 손원일에게 반란군토벌작전에서 드러난 문제점들을 보고했다. 특히 그가 강조한 것은 우리 군에도 해병대가 필요하다는 것이었다.

공정식 장군(2014. 7. 30.)

"내가 302정장으로 있으면서 여수항에서 반란사건이 난 것을 뻔히 보고 있으면서도 아무 역할을 하지 못했습니다. 그래서 손원일 사령관에게 이렇게 보고했습니다.

"앞으로 우리 해군에도 미국과 같은 해병대가 필요합니다. 만약 우리에게 해병대가 있었더라면 곧 상륙해서 공비를, 그리고 반란군을 소탕할 수 있었을 것입니다. 우리가 함정에서만 순찰하고 있었기 때문에 뻔히 눈으로 보면서도 반란군을 소탕하지 못했습니다. 앞으로는 해병대 창설이 필요합니다."

손원일 사령관께서 내가 보고하는 사항을 잘 듣고 있다가, 나중에 이승만 대통령에게 해병대 창설을 건의했습니다. 이승만 대통령이 즉시 손원일 사령관의 건의를 받아들여서 한국 해병대를 만든 것입니다. 그것이 한국 해병대가 생긴 동기입니다."[20]

공정식 대위의 보고를 들은 손원일 사령관은 신현준 중령에게 이 내용을 전투상보(戰鬪詳報)에 포함하여 제출하라고 지시했다. 공정식 대위의 전투상보는 신현준과 손원일을 거쳐 국방부와 이승만 대통령에게 보고되었다.

1949년 1월, 이승만 대통령이 해병대 창설을 재가(裁可)했다. 손원일은 2월 1일에 참모장 신현준 중령을 초대 해병대사령관에 임명하고, 해병대 창설의 제반 업무를 맡겼다.

이후 해병대 창설에 총력을 기울인 신현준 중령이 1949년 4월 15일, 진해 덕산비행장(德山飛行場)에서 해병대를 창설했다. 장교 26명과 하

---

20) 제6대 해병대사령관 공정식 해병 중장 인터뷰, 2010년 3월 3일, 해병대기념관

사관 54명, 그리고 해군 신병 13기 중에서 차출한 사병 300명을 포함, 총 380명으로 해병대 창설을 완료한 것이다.

신현준

해군과 해병대 참모들과 함께한 손원일 총장(오른쪽에서 ④)

주한미군 철수와 이승만의 대한민국 방위전략

대한민국 정부가 수립되던 1948년 8월 15일 이후부터 미군이 철수하기 시작했다. 그리고 다음해인 1949년 6월 29일, 주한미군의 마지막 병력인 제5연대전투단이 한국을 떠났다. 이어 7월 1일, 476명으로 구성된 '주한미군사고문단(KMAG: U. S. Military Advisory Group to the ROK)'이 설치됐다.

미군이 철수하게 되자 이승만 대통령은 대한민국의 방위전략을 수립하기 위해 부심했다. 이승만이 구상한 방위전략 중의 하나가 '태평양조약(Pacific Pact)'을 추진하는 것이었다.

이승만이 태평양조약을 추진하려고 마음먹은 것은 주한미군 철수가 임박해질 때 체결된 북대서양조약(North Atlantic Treaty)에 자극을 받아서였다. 1949년 4월 4일, 미국과 캐나다를 포함한 유럽 12개국이 북대서양조약을 체결했다. 서유럽에 대한 소련의 침략에 대비하기 위한 집단안전보장책이었다.

이에 자극받은 이승만은 그해 5월 2일, 미 트루먼(Harry S. Truman)

대통령에게 한미군사방위동맹을 체결할 것과 태평양동맹을 체결할 것을 요청했다.

"미국이 한국과 군사방위동맹을 체결할 경우 한국의 국내 치안유지에 크게 도움이 되고, 아시아에서의 반공 투쟁에도 좋은 영향을 줄 것이다."

하지만 미국은 "방위동맹을 체결할 의사가 없다."고 밝혔다. 또한 무초(John Joseph Muccio) 주한 미 대사도 "미국은 제퍼슨(Jefferson: 제3대 미국 대통령) 대통령 이래 어느 국가와도 상호방위동맹을 체결한 일이 없다."라고 말함으로써 동맹체결의 가능성을 일축했다.

한미군사방위동맹은 무산되었지만, 태평양동맹은 가능성이 있어보였다. 이승만의 태평양동맹 구상에 중국 국민당정부와 필리핀이 동조했던 것이다. 5월 11일, 주미 중국대사가 애치슨(Dean G. Acheson) 미 국무장관에게 태평양동맹 결성을 정식으로 제의했다. 여기에 태평양 연안국가인 필리핀과 호주의 UN대표도 동조하고 나섰다. 특히 키리노(Elpidio Quirino) 필리핀 대통령이 적극적으로 나섰다.

태평양동맹에 적극적으로 나선 또 한 사람이 있었다. 국민당정부의 장개석 총재(總裁)였다. 태평양전쟁에서 일본이 패망하자, 중국 대륙은 내전에 휩싸였다. 일본과 싸우느라 잠시 휴전했었던 장개석(蔣介石)의 국민당(國民黨)과 모택동(毛澤東)의 공산당(共産黨)이 다시 국공내전(國共內戰)을 벌인 것이다.

처음에는 국민당이 우세한 듯했지만, 곧 공산당이 전세를 뒤집었다.

1949년에 들어서는 국민당의 패색이 짙어가고 있었다. 이에 장개석은 공산주의 국가들에 대항하여 아시아와 태평양 지역의 국가들이 공동전선을 펴야 한다고 생각했다. 장개석은 6월 12일, 필리핀을 방문하여 키리노 대통령과 태평양동맹에 관해 의견을 교환했다.

그해 8월, 이승만이 장개석을 한국에 초청했다. 장개석은 흔쾌히 이승만의 제안을 받아들였다. 회담일은 8월 6~8일, 회담 장소는 진해로 잡혔다. 회담 일정이 결정되자, 이승만이 손원일을 경무대(景武臺)로 불렀다. 양국 정상의 회담은 비밀 회담이었다. 이승만은 회담장과 숙소, 그리고 경호경비 등 제반사항을 해군에서 맡아 은밀하게 준비하라고 지시했다. 손원일은 즉시 진해로 내려가 회담 준비에 만전을 기했다.

1949년 8월 6일 오후 2시, 장개석이 전용기 편으로 진해에 도착했다. 공산주의라는 공동의 적과 싸우고 있는 양국의 정상은 반갑게 악수를 나누었다. 다음 날, 통역만이 참석한 가운데 양국 정상 간의 단독회담이 열렸다. 두 정상은 태평양동맹의 결성에 관해 심도 깊게 논의했다. 8월 8일, 양국 정상은 필리핀 대통령이 태평양동맹 결성에 좀 더 적극적으로 나서기를 희망한다는 공동성명을 발표했다.

하지만 회담 첫날인 8월 6일, 미국정부가 돌연 '중국백서'를 발표하여 회담에 찬물을 끼얹었다. 장개석 정부가 부패하고 무능하기 때문에 더 이상 원조할 가치가 없다는 선언이었다. 그뿐만이 아니었다. 미국이 키리노 대통령을 압박하여 태평양동맹 추진을 포기하게 한 것이다.

태평양동맹 논의를 위해 진해를 방문한 장개석 총통(왼쪽에서 ③)과 이승만 대통령(오른쪽에서 ③)

 게다가 그해 10월 1일, 중국 적화에 성공한 모택동이 북경 천안문 광장에서 중화인민공화국 정부의 수립을 선언했다. 국공내전에서 패한 장개석의 국민당정부는 바다 건너 대만(臺灣)으로 쫓겨나고 말았다. 결국 이승만과 장개석이 주도했던 태평양동맹은 흐지부지돼버렸다.
 이승만이 추진한 또 하나의 방위전략은 미군 기지를 유치하는 것이었다. 주한미군이 철수함에 따라 한반도의 안보에 공백이 생기자, 이승만은 그것을 메우기 위해 진해를 미국의 해군기지로 제공하겠다는 제의를 했다.
 이승만은 진해항 교섭을 위해 그의 정치고문인 윌리엄스(J. J.

Williams)를 앞세웠다. 윌리엄스는 1949년 6월, 퇴역 해군 제독 코프만(Kauffman), 그리고 미 해군참모총장 덴펠드(Louis E. Denfeld)를 만나 해군기지 문제를 놓고 교섭했지만 결과는 실패였다.

1949년 7월 8일, 빈포드(T. H. Binford) 제독이 이끄는 태평양함대 소속의 미 해군 함대가 한국을 방문했다. 이것을 기회로 본 이승만 대통령은 해군총참모장 손원일에게 태평양함대사령관 레드포드(Arthur W. Radford) 제독 앞으로 편지를 쓰게 했다.

7월 18일, 손원일은 레드포드 제독에게 미 함대의 방문에 감사를 표시하면서 진해뿐만 아니라 부산과 인천 등의 항구를 기지로 제공하겠다는 편지를 보냈다. 하지만 이번에도 미국은 반응하지 않았다.

전투함 구입 모금운동

　주한미군이 철수한 후, 북한은 소련의 원조를 받아 급속도로 군사력을 증강했다. 날이 갈수록 북한과 남한간의 전력 격차가 심해졌다. 이에 이승만은 미국에게 대한민국을 지킬 수 있을 정도의 전력을 갖출 수 있도록 전차를 비롯한 중화기를 요청했다.

　하지만 미국은 그 요청을 거부했다. 미국은 북한이 절대로 남한을 침범하지 않을 것이라고 확신하고 있었다. 명백한 오판이었다. 게다가 대한민국 군대를 중화기로 무장시켜줄 경우, 북침을 감행할 것이라고 우려하고 있었다.

　1950년 1월, 로버츠(William L. Roberts) 군사고문단장이 "한국이 북한을 공격한다면 미국은 경제·군사원조를 모두 중단할 것이다. (중략) 미군이 철수할 때 한국군에게 이월한 무기는 전차와 비행기를 제외한 소구경의 대포를 포함한 방어무기들로서 이는 남한이 무력통일을 위해 전쟁을 일으키는 것을 방지하기 위한 것이다."라는 내용의 성명을 발표한 것만 봐도 알 수 있다.

1949년 5월까지 대한민국 해군이 보유하고 있던 함정세력은 모두 36척이었다. 1945년 9월에 한반도에 진주한 미군이 일본 해군으로부터 압수한 소해정(JMS)들과 미군이 지원한 소해정(YMS)들이 주력이었고, 나머지는 잡역선과 증기선, 상륙용 주정 등 함정이라고 말하기 부끄러울 정도의 배들이었다.

소해정(掃海艇)은 기뢰를 제거할 목적으로 제작된 배였기 때문에 크기도 작았지만, 설계상 함포를 탑재할 수 없는 배였다. 한마디로 3인치 이상의 함포가 장착된 전투함은 단 1척도 없는 상황이었다. 그 이유는 한국군에게 공격용 무기를 제공하지 않는다는 미국의 정책 때문이었다.

손원일은 단 한 척의 전투함도 보유하지 못한 대한민국 해군의 현실을 안타까워했다. 더 이상 미국만 바라볼 수는 없었다. 고민을 거듭하던 손원일은 전투함을 구입하기 위해 1949년 6월 1일, '함정건조기금 갹출위원회'를 구성하여 모금운동을 전개했다.

전투함 보유에 목말라 하던 해군 장병들은 적은 월급에서 일부를 떼어 기꺼이 내놓았다. 장교는 월급의 10%, 병조장(지금의 상사)은 7%, 하사관과 수병은 5%였다. 홍은혜를 비롯한 간부 부인들도 삯바느질로 모은 돈을 보탰다.

이 소식을 들은 손 총장 부인 홍은혜 여사도 해군장교부인회를 움직여 돈 모으는 일을 도왔다. 모여서 바느질품도 팔고, 수예품을 모아 바자회도 열었다.

"남자들이 그러는데 우리라고 앉아만 있을 수 있나요. 처음에는 구걸하다시피 했어요. 군함 만드는데 좀 도와달라니까 100원도 주고 200원도 주데요. 돈 없다고 보리쌀 주는 사람도 있고요. 그렇게 한 5,000원이 모였는데 그 돈으로는 턱도 없잖아요. 그래서 해군부인회를 만들어 바느질공장을 차렸죠."

남편에게 부탁해 군용천막 다섯 개를 얻었다. 폐선 갑판에 공장을 차리고 밤낮으로 재봉틀을 돌려 작업복을 만들어 팔았다. 이 소식이 알려지자 민간에서도 돈을 내는 사람이 나왔다. 이렇게 4개월 동안 모은 돈이 1만5천 달러였다.[21]

1949년 9월 중순, 손원일이 이승만 대통령에게 모금한 돈으로 전투함을 구매하겠다는 계획을 보고했다. 이에 크게 기뻐한 이승만 대통령은 전투함 구매에 보태라며 정부보조금 4만5천 달러를 내주었다. 총 6만 달러의 돈으로 함정구매를 추진할 수 있게 된 것이다. 6만 달러는 외환 사정이 어려웠던 당시로서는 어마어마한 액수였다.

---

21) 함명수, 「바다로 세계로」, PP.249-250.

미국에서 구입한 4척의 전투함

1949년 10월 1일, 손원일이 서울 여의도 비행장에서 노스웨스트 항공사의 미국행 여객기에 몸을 실었다. 물론 전투함을 구입하기 위해서였다. 며칠 뒤, 전투함 인수팀도 여의도 공항을 떠났다. 각 분야에서 가장 유능한 장교들로 구성된 인수팀은 모두 15명으로 손원일이 직접 선발한 사람들이었다.

10월 17일, 손원일이 뉴저지(New Jersey) 주 호보켄(Hoboken) 항에서 길이 52.9m, 톤수 450톤, 속력 18노트의 PC(Patrol Chaser: 구잠함 驅潛艦)를 1만8천 달러에 구입했다. 제2차 세계대전 당시 독일의 잠수함을 잡을 목적으로 만든 이 배는 전쟁 후 퇴역하여 미국 해양대학교 실습선으로 사용되고 있었다.

함정을 구입했다는 연락을 받은 인수요원들은 뛸 듯이 기뻐하며 즉시 호보켄 항으로 달려갔다. 오랫동안 방치된 함정은 여기저기 녹이 슬어 폐선이나 다름없었다.

인수요원들은 인건비를 절약하기 위해 배에서 먹고 자며 직접 배를 수리하기 시작했다. 배가 워낙 낡아서 손봐야 할 곳이 한두 군데가 아니었다. 페인트칠을 다시 하고 기관을 정비하는 것이 하루 일과의 전부였다. 말이 인수요원이지 그들은 수리공이고, 정비공이었다.

함정의 수리와 정비를 마친 손원일과 인수요원들은 1949년 12월 26일 오전 10시, 뉴욕(New York) 항에서 장면 주미 대사와 조병옥 박사를 비롯한 교민들이 참석한 가운데 조촐한 명명식(命名式)을 가졌다. 배의 이름은 백두산함으로 정했다.

백두산함 명명식. 왼쪽으로부터 손원일 해군총참모장, 이건주 소령, 로빈슨 대위, 박옥규 함장.

이 배가 바로 우리 해군 최초의 전투함인 701함이다. 명명식을 마친 백두산함은 정오를 조금 지나 뉴욕 항을 출항했다. 불과 450톤의 일엽편주(一葉片舟)로 태평양을 건너는 무모한 여정이 시작된 것이다. 손원일은 함정을 더 구입하기 위해 미국에 남았다.

백두산함은 1950년 3월 중순, 하와이에서 3인치 포를 설치했다. 이어 괌에서 포탄 1백 발을 구입한 후 1950년 4월 10일, 진해에 입항했다. 우여곡절 끝에 대한민국이 보유한 최초의 전투함 백두산함은 6·25전쟁이 발발한 1950년 6월 25일, 그 진가를 발휘한다.

백두산함

한편, 미국에 남아 전투함을 싸게 구입하기 위해 동분서주하던 손원일은 미 국무성 관리로부터 배를 싸게 사는 방법을 알게 된다. 제2차 세계대전이 끝난 후 미국은 수많은 군함들을 무장해제한 후 민간업자에게 불하(拂下)했는데, 흥정만 잘하면 아주 싼 값에 살 수 있다는 정보였다.

이 얘기를 들은 손원일은 미국 서해안의 산 피에트로 항에 있는 한 유대인 선주를 찾아갔다. 흥정이 시작됐다. '세계의 상인'이라는 유대인답게 선주는 보통내기가 아니었다. 하지만 손원일이 누구인가. 청년 시절에 상해에서 막대한 부를 쌓았던 무역업자가 아니었던가.

손원일은 밀고 당기는 흥정 끝에 백두산함과 같은 급인 PC 세 척을 척당 1만2천 달러에 구입하는데 성공했다. 처음에 유대인 선주가 요구한 가격을 3분의 1 가까이 깎은 가격이었다. 이 배들이 바로 PC-702 금강산함, PC-703 삼각산함, PC-704 지리산함이다. 아마 유대인 선주는 혀를 내둘렀을 것이다. 속으로 "무슨 군인이 이렇게 흥정을 잘 해?"라는 생각을 하지 않았을까.

이 사실을 본국에 타전하여 단 이틀 만에 인수요원들을 미국으로 불러들인 손원일은 서둘러 배의 수리와 정비를 마쳤다. 이어 샌프란시스코 발레이오(Vallejo) 항으로 옮겨 3인치 주포를 장착한 세 척의 PC는 6·25전쟁이 발발하기 9일 전인 1950년 6월 16일, 조국을 향한 장도에 올랐다.

6·25전쟁과 대한해협해전

1950년 6월 25일 새벽 4시, 소련제 T34 전차와 76㎜ 자주포를 앞세운 북한군이 전면적인 기습 남침을 개시했다. 상황은 심각했다. 소련과 중공의 지원 아래 20만에 이르는 대병력을 보유한 북한군은 242대의 소련제 T34 전차와 신형 중화기로 무장한 근대화된 군대였다.

반면, 국군은 현대전의 필수 장비라 할 수 있는 탱크를 단 한 대도 보유하고 있지 않았으며, 105㎜ 곡사포 등 구형 야포로 무장하고 있었다. 게다가 병력도 북한군의 절반 수준밖에 되지 않았다. 국군은 급격히 붕괴됐다.

38도선은 4개 사단 1개 독립연대가 방어하고 있었다. 서해 옹진반도에는 백인엽(白仁燁) 대령의 독립 17연대가 주둔하고 있었으며, 개성·문산 방면은 백인엽 대령의 친형인 백선엽(白善燁) 대령의 1사단, 동두천 방면은 유재흥(劉載興) 준장의 7사단, 춘천 방면은 김종오(金鐘五) 대령의 6사단, 강릉과 주문진 방면은 이성가(李成佳) 대령의 8사단이 각각 방어하고 있었다.

그 중 8사단은 10연대와 21연대의 2개 연대로 편성되어 있었는데, 10연대는 38도선을 방어하고 있었으며, 21연대는 예비로 삼척에 배치되어 있었다. 8사단 공격을 맡은 북한군 부대는 5사단과 766부대, 그리고 945육전대였다.

북한군 5사단은 북쪽에서 10연대를 정면에서 공격하고, 766부대와 945육전대는 정동진과 임원진에 상륙하여 삼척의 21연대가 10연대를 돕지 못하도록 차단했다. 10연대와 21연대를 각개 격파하는 협공작전을 펼친 것이다. 이에 해군본부는 8사단을 지원하기 위해 백두산함을 삼척으로 급파했다. 손원일이 미국에서 구입한 백두산함은 해군이 보유한 유일한 전투함이었다.

진해통제부를 출항하여 삼척으로 항진 중이던 백두산함이 6월 25일 오후 8시 12분, 부산 동북방 약 50㎞ 공해상에서 남쪽으로 내려오고 있는 정체불명의 선박을 발견하고 해군본부에 보고했다.

"부산 동북방 약 50㎞ 공해상에서 정체불명의 괴선박 발견. 크기는 1,000톤급, 형태는 수송선, 정남향으로 시속 12노트로 항진 중. 계속되는 검문에 일절 응답 없음."

해군본부 참모들의 의견은 "공해상이라도 검문에 불응하는 선박은 나포하거나 강제 정선시킬 수 있다."는 것이 지배적이었다. 그렇더라도 제3국의 선박일 만약의 경우를 고려하여 우선 선박의 국적을 확인하라는 지시를 내렸다.

백두산함은 수차례의 정선 명령을 내렸으나 괴선박은 응하지 않았다. 이에 백두산함은 100m 거리까지 접근하여 탐조등(探照燈)으로 선박의 정체를 확인했다.

배에는 국기는 물론 이름도 없었으며, 선수 쪽에는 대포로 보이는 커다란 물체가 포장으로 가려져 있었고, 중갑판 쪽에는 중기관총이 장착되어 있었다. 게다가 갑판 위에는 600여 명으로 추정되는 병력이 타고 있었다. 괴선박의 정체는 우리 후방을 교란하기 위해 부산에 상륙하려던 북한군 특수부대원들을 실은 수송선이었던 것이다.

백두산함의 3인치 주포가 불을 뿜기 시작했다. 이때가 26일 오전 0시 30분이었다. 괴선박도 57㎜ 포와 37㎜ 포, 그리고 중기관총으로 응사했다. 치열한 교전이 계속됐다. 3인치 포탄이 적선에 명중됐다.

한 시간 동안의 교전 끝에 적선 기관실에 다시 5발의 포탄을 명중시켰다. 적선이 좌현 쪽으로 기울기 시작했다. 침몰하기 시작한 적선은 01시 38분, 마침내 동해바다 속으로 가라앉았다. 이른바 대한해협해전이 막을 내리는 순간이었다.

대한해협해전은 전쟁 초기 남해안에 상륙을 꾀하던 적의 특수부대를 전멸시켜 후방의 교란을 막았다는 점에서 큰 의미가 있는 해전이었다. 만약 600여 명으로 추정되는 북한군 특수부대가 대한민국의 최후 보루인 부산에 상륙했다면 6·25전쟁은 어떤 양상으로 전개되었을까? 생각만 해도 끔찍한 일이다.

하와이에서 접한 비보

한편, 손원일과 세 척의 PC는 1950년 6월 24일(한국 시각 6월 25일), 중간 기착지인 하와이 호놀룰루 항에 도착했다. 주 호놀룰루 대한민국 총영사관 김용식(金溶植) 총영사와 교민들이 갓난아이까지 안고 나와 태극기를 흔들며 PC 편대를 반겼다.

환영 대열에는 육군 작전참모부장(현재의 육군참모차장에 해당) 정일권(丁一權) 준장도 섞여있었다. 정일권은 미 육군대학 유학을 마치고 귀국 중이었다.

하지만 하와이 교민들이 PC 편대의 기항을 환영하며 축제분위기에 빠져있던 그때, 바다 건너 대한민국은 전화(戰火)에 휩싸이고 있었다.

그날 저녁, 개인병원을 운영하는 양유찬(梁裕燦) 박사의 집 정원에서 인수단을 환영하는 교민파티가 열렸다. 오랜만에 만난 손원일과 정일권이 정담을 나누었다.

파티가 무르익어갈 무렵 총영사관 직원 한 사람이 당황한 표정으로 달려와 김용식 총영사에게 전문을 전달했다. 전문을 본 김용식의 얼굴이 한순간 하얗게 질렸다.

'6월 25일 새벽 4시, 북괴군 38도선 전역에서 남침 개시'

비보(悲報)였다. 화기애애하던 파티장 분위기가 삽시간에 얼어붙었다. 잠시 후 누가 먼저랄 것도 없이 교민들과 해군 장병들의 입에서는 애국가가 흘러나왔다. 그 자리에 꿇어앉아 기도하는 사람도 있었다.

가장 당황한 사람은 손원일과 정일권이었다. 조국이 침략을 당했는데, 군의 수뇌부인 자신들이 이역만리 하와이에 있으니 오죽이나 답답했겠는가. 그런데 본국에서 의외의 훈령이 내려왔다.

'정일권 장군은 즉시 공로(空路)로 귀국하고, 손원일 제독은 군함과 함께 해로(海路)로 귀국하라.'[22]

정일권은 미 극동군사령관 맥아더가 보내준 수송기 편으로 6월 30일, 수원비행장에 도착했다. 이승만 대통령은 정일권 준장을 소장으로 진급시키고, 육군총참모장(5대) 겸 육해공군 총사령관이라는 대임을 맡긴다.

한 가지 의문이 드는 것은 '왜 이승만 대통령은 해군 총수인 손원일을 즉시 귀환시키지 않았을까?' 하는 것이다. 당시 해군총참모장 직무대행 김영철(金永哲) 대령과 해군본부 참모들은 이승만에게 손원일의 항공편 귀국을 여러 차례 건의했다고 한다.

---

22) 한국해양전략연구소, 「해군창설의 주역 손원일 제독(상)」, P.308.

그때마다 이승만은 "배도 없이 사람만 오면 뭘 해? 현재로선 손 제독이 전투함 3척을 이끌고 무사히 도착하는 것이 더 중요해."라면서 역정을 냈다고 한다. '전투함 없는 해군의 비애'가 느껴지는 부분이다.

맥아더의 구상

북한이 남침을 개시한 바로 다음날인 6월 26일 오전 3시(미국 시각 6월 25일 14시), 미국의 요청에 의해 UN안전보장이사회가 열렸다. 회의 결과 '북한군의 침공은 즉각 중지되어야 하며, 38도선 이북으로 도로 돌아가야 한다.'는 결의안이 통과됐다.

하지만 북한은 UN의 결의안을 무시하고 더 무서운 속도로 남진했다. 6월 28일 오전 4시(미국 시각 6월 27일 15시)에 UN안보리가 다시 열렸다. 그 결과 UN이 창설된 이후 최초로 UN군 파병이 결정됐다. UN군총사령관에는 미 극동군사령관 맥아더 원수가 임명됐다.

6월 28일, 6·25전쟁 발발 사흘 만에 서울이 함락됐다. 6월 29일, 맥아더가 전용기 바탄호를 타고 수원 비행장에 도착했다. 전선의 급박한 상황을 직접 확인하기 위해 입국한 맥아더는 전방지휘소 본부에서 상황을 보고 받은 후 한강변에 나가 직접 전선을 확인했다.

이날, 맥아더는 대규모의 상륙작전을 구상했다. '일단은 후방의 어느 선까지 후퇴하여 그곳에서 북한군의 남진을 막는다. 그 상태에서 다시 밀고 올라가면 인명 손실이 많아지니까, 적의 후방과 퇴로를 차단하고 병참선을 끊을 수 있는 지역으로 상륙작전을 실시한다.'는 구상을 한 것이다. 원래는 7월에 상륙작전을 실시하려고 했지만, 생각보다 전황이 불리해져 낙동강방어선까지 밀리는 바람에 9월로 연기하게 된다.

손원일이 702·703함과 함께 진해항에 도착한 날은 6·25전쟁이 발발한 날로부터 21일이 지난 7월 16일이었다. 704함은 항해 도중 기관이 고장 나서 수리를 하느라, 그보다 9일 늦은 7월 25일에 진해항에 입항한다.

7월 16일은 금강방어선이 뚫려 국군과 UN군이 대전 쪽으로 후퇴를 개시하던 날이었다. 7월 17일 오전, 손원일은 해군본부에서 총참모장 직무대행 김영철 대령과 참모진에게 전황을 보고받았다. 그날 오후, 손원일은 이승만 대통령에게 귀국을 보고하기 위해 대구로 향했다. 이승만은 경북도지사 조재천(曺在天)의 공관에 머물고 있었다.

"오호, 에드미럴(Admiral: 제독) 손, 이제야 도착했구먼."
이승만은 손원일을 반갑게 맞이했다.
"각하 어려운 시기에 이렇게 늦게 도착해서 면목 없습니다."
"아니야, 오히려 이러한 때에 전투함을 3척이나 들여와서 얼마나 마음 든든한지 몰라. 더군다나 그 전투함들은 우리 해군과 국민들의 성금으로 사온 거라 더욱 가슴 뿌듯해."
"각하, 우리 전투함 4척과 막강한 UN해군이 있으니까 이제 바다

쪽은 걱정하지 않으셔도 됩니다. 제해권은 우리가 갖고 있습니다. 하지만 우리 해군이 UN해군과 함께 연합작전을 펼치려면 군함이 더 있어야 합니다. 이번 기회에 미군과 잘 협조해서 전투함을 더 확보하도록 하겠습니다."

"그 문제는 에드미럴 손이 알아서 하도록 해."

이승만 대통령은 해군에 관한 한 모든 것을 손원일에게 전적으로 일임했다.[23]

---

23) 한국해양전략연구소, 「해군창설의 주역 손원일 제독(상)」, P.322.

X-ray작전

북한군에게 밀려 철수를 거듭하던 국군과 UN군은 8월 초, 급기야 낙동강까지 밀려 내려갔다. 이제 대한민국 영토는 대구를 중심으로 하여 동쪽과 서쪽으로 마산과 포항을 잇는 한 줌의 땅만 남게 된 것이다.

미 8군사령관 겸 UN지상군사령관인 워커(Walton H. Walker) 중장은 전 전선에 'Stand or Die', 즉 낙동강에서 한 치도 물러나지 말고 끝까지 싸우라는 전선 사수의 명령을 하달했다. 이른바 낙동강방어선이 형성된 것이다.

이때 아군의 전투부대는 국군 5개 사단과 미군 3개 사단으로 총 8개 사단이었다. 워커 장군은 왜관을 중심으로 동쪽으로 포항까지 Y선을 설정하여 국군(제1, 6, 8, 수도, 3사단)이 방어하게 했고, 남쪽으로 함안까지 X선을 설정하여 미군(제25, 24, 1기병사단)이 담당하도록 했다. 이후 국군과 UN군은 낙동강방어선에서 북한군과 치열하게 일진일퇴를 벌였다.

하지만 이 절체절명의 순간, UN군사령부에서는 한 번에 전세를 뒤집을 인천상륙작전 계획이 진행되고 있었다. 인천상륙작전이 최종적으로 확정된 날은 1950년 8월 12일이었다. 작전명은 크로마이트 작전(Operation Chromite)이었다.

바로 이날 맥아더는 대한민국 해군 고문관인 루시(Michael J. Lousey) 중령을 손원일에게 보내 인천 지역의 첩보를 수집하라고 지시했다. 인천 지역으로 잠입하여 북한군의 배치 현황과 방어진지, 보급선과 보급 현황, 인천항으로 들어가는 해로에 매설한 기뢰 여부, 상륙지점의 지형, 인천항의 안벽 높이, 밀물과 썰물 때의 해안의 길이 등을 탐지하여 보고하라는 내용이었다.

> "맥아더 사령부에서 고문단장 루시 중령을 통해서 손원일 제독에게 한국 해군이 인천의 외항에서 내항으로 들어오는 섬들을 점령을 해라. 함대가 들어올 때 만일 섬에서 인민군들의 포대가 포를 쏘면 함대가 기동이 어려우니까 점령을 해라. 그리고 두 발로 뛰는 정보, 인간정보(Human intelligence), 사진 촬영이나 통신 감청으로는 못하는 사람이 직접 확인해야 하는 정보 수집을 한국 해군이 해라. 이 두 가지가 커다란 임무입니다."[24]

맥아더로부터 첩보수집 명령을 받은 그날, 손원일 총장은 해군 정보국장 함명수(咸明洙, 당시 22세) 소령을 은밀하게 불러 첩보수집 임무를

---

24) 제7대 해군참모총장 함명수 예비역 해군중장 인터뷰, 2010년 3월 24일, 대방동 해군호텔

하달했다. 일명 X-ray작전이 시작된 것이다.

함명수 소령

임무를 부여받은 함명수 소령은 바로 그날부터 대원 선발에 들어가 8월 16일에 첩보부대 조직을 완료했다. 첩보부대는 함명수를 비롯하여 정보장교 김순기 중위와 임병래 소위, 장정택 소위, 정보국 소속의 정성원·박원풍·차성환·한유만·홍시욱 등 하사관 13명을 포함해서 모두 17명으로 구성됐다.

X-ray작전을 원만하게 수행하기 위해서는 먼저 인천 근해의 영흥도와 덕적도 등 몇 개 도서를 탈환해야 할 필요가 있었다. 인천으로 가는 협수로(狹水路) 입구에 위치한 이 섬들은 인천상륙작전을 위해서 우

선적으로 확보해야 할 중요한 요충지였다.

8월 16일, 손원일은 서해지구 해군 작전사령관이며 PC-702 금강산함 함장인 이희정(李熙晶) 중령에게 그 임무를 맡겼다. 작전명은 이희정 중령의 성을 따서 '리작전(Lee Operation)'이라고 명명했다.

이희정 중령은 PC-702·704함, YMS-513정, JMS-301·307·309정, PG-313정 등 각 함정에서 선발된 110명의 승조원으로 1개 중대의 상륙 육전대를 편성하고, 702함 작전관인 장근섭 중위를 중대장에 임명했다.

8월 18일, 해군 육전대가 덕적도를 탈환했다. 덕적도를 탈환한 육전대는 섬에 남아 있던 애국 청년들로 청년의용대를 조직하여 섬의 방어와 치안을 담당하게 한 후 8월 19일에 철수했다.

8월 20일에는 대이작도와 영흥도에서 동시에 상륙작전을 실시하여 8월 21일, 양쪽 섬을 모두 장악하는데 성공했다. 육전대는 덕적도에서 했던 것과 마찬가지로 청년들과 주민들의 협력을 얻어 치안을 확보한 후 8월 24일에 철수했다. 이로써 Lee작전은 성공적으로 완수되었다.

한편, 8월 18일 오전 1시에 첩보부대가 백구호를 타고 부산을 떠났다. 첩보부대는 8월 24일 오전 1시 30분, 영흥도 십리포 해안에 상륙했다. 첩보부대 대원들은 그날부터 인천뿐만 아니라 수원과 서울 근교까지 드나들며 인천상륙작전이 실시되기 하루 전인 9월 14일까지 첩보 수집 활동을 전개했다.

특히 가장 중요한 것은 인천의 관문인 월미도의 해안 방어시설을 파악하는 것이었는데, 대원들은 월미도 해안도로 보수공사장과 방어진지 구축 공사장에 인부로 위장 취업하여 해안 포대의 위치와 수, 규모, 병력 배치 등을 파악하여 해군본부에 보고했다. 9월 1일부터는 영흥도에 도착한 미 해군 정보장교 클라크(Eugene F. Clark) 대위를 통해 맥아더 사령부에 직접 전달했다.

하지만 인천상륙작전을 하루 앞두고 우리 대원 2명이 희생당하는 아픔도 있었다. 인천상륙작전 D-day를 이틀 앞둔 9월 13일, 영흥도의 해군 첩보부대에게 철수명령이 내려졌다. 그동안 정이 들었던 영흥도 주민들과 아쉬운 작별의 인사를 나눈 대원들은 인천 근해에 와있는 함정으로 철수를 하였다. 하지만 잔무(殘務) 처리를 위해 임병래 소위와 홍시욱 삼등병조(현재의 하사에 해당) 등 6명의 첩보대원은 섬에 남았다.

그런데 인천상륙작전 D-day를 하루 앞둔 9월 14일, 불행한 사건이 발생했다. 대부도에 주둔하고 있던 북한군의 대대 병력이 9월 14일 0시경, 영흥도로 쳐들어 온 것이다. 임병래 소위를 비롯한 해군 첩보부대원 6명과 영흥도 청년 의용대원 30여 명이 북한군을 맞서 치열한 전투를 벌였다.

정규군과 싸울 정도의 무장을 갖추지 못했던 수많은 청년의용대원들이 전사했으며, 첩보부대원들은 북한군에게 쫓기고 쫓긴 끝에 십리포 해안에 다다랐다. 이제 더 이상 도망갈 곳도 없었다.

임병래 소위와 홍시욱 삼등병조가 적과 교전하는 동안 4명의 첩보대원들은 숨겨놓은 보트를 타고 구사일생으로 영흥도를 탈출했다. 하지만 적에게 포위된 임병래 소위와 홍시욱 삼등병조는 기밀을 지키기 위해 자결을 선택하고 말았다.

이후 정부는 그들에게 각각 1계급 특진과 을지무공훈장을 추서했고, 미국 정부도 외국군에게 주는 최고의 무공훈장인 은성무공훈장(Silver Star)을 추서했다. 고인들의 유해는 해안가에 가매장되었다가, 1960년대 초 국군묘지(국립현충원)에 이장됐다.

임병래(林炳來) 중위는 19묘역 5판 063호, 홍시욱(洪時旭) 이등병조(중사와 하사 사이의 계급)는 21묘역 1448호에서 영면하고 있다. 임병래 중위는 1999년 8월, 홍시욱 이등병조는 2005년 9월에 '호국의 인물'로 선정되었다.

만약 해군 첩보부대의 정확한 정보제공이 없었다면 맥아더와 UN군이 엄청난 피해를 입었을지도 모른다는 점을 감안해보면, 대한민국 해군이 수행한 X-ray작전은 아무리 강조해도 지나치지 않을 정도로 중요한 작전이었다고 할 것이다.

인천상륙작전에 참전하다

　인천상륙작전을 수행할 부대는 미 극동해군 제7함대와 상륙부대인 미 제10군단(미 제1해병사단과 미 제7보병사단)으로 편성된 미 제7합동기동부대였다. 사령관은 미 제7함대 사령관인 스트러블(Arthur D. Struble) 제독이 겸임했다. 한국 측 참전부대는 해군, 그리고 상륙부대인 해병 제1연대(미 해병 1사단에 배속)와 육군 제17연대(미 7사단에 배속)로 결정됐다.

　인천상륙작전 D-day를 3일 앞둔 1950년 9월 12일, 부산에 대기 중이던 미 해군 함정에서 작전명령을 하달하는 회의가 열렸다. 손원일과 신현준 해병 제1연대장도 이 회의에 참석했다. 이 회의에서 손원일은 자신도 인천상륙작전에 참전하겠다고 주장하여 관철시켰다.

　당시 손원일 소장은 한국군 지휘관 중에서 가장 계급이 높은 지휘관 중의 한 사람이었다. 하지만 국군이 미 제7합동기동부대의 작전 지휘를 받았기 때문에 손원일 제독이 작전 지휘선 상에서 실질적으로 수행할 수 있는 역할은 없었다. 그렇다 하더라도 자신의 손으로 만든 해군과 해병대의 장병들이 6·25전쟁 최대의 작전에 투입되는데 도저히 가만히 손 놓고 있을 수만은 없었던 것이다.

그날 밤, 손원일이 잠깐 집에 들렀다. 그때 손원일이 어머니와 아내에게 한 말을 보면 왠지 비장감이 느껴진다. 아마 손원일은 죽을지도 모른다는 생각을 했던 것으로 보인다.

> 손원일은 그날 밤늦게 오랜만에 동대신동 관사에 들렀다. 먼저 어머니의 방으로 갔다. 그는 어머니에게 큰절을 올린 다음 무릎을 꿇고 작별 인사를 했다.
> "어머님, 오랫동안 못 뵈올 것 같습니다. 영영 못 뵈올 지도 모르겠습니다. 소자는 지금 나라를 위해 전쟁터로 가려고 합니다. 제 걱정은 마시고 만수무강하십시오."
> "나라를 위해 죽으러 간다는데 내가 어찌 막을 수 있겠느냐. 꼭 네 아버지 같구나."
> 어머니는 손원일의 얼굴만 쳐다볼 뿐 더 이상 말이 없었다.
> 어머니에게 다시 한 번 인사를 한 뒤 손원일은 아내 방으로 갔다. 그는 보통 때보다 좀 더 다정스럽게 웃으며 아내에게 말했다.
> "중요한 회의가 있어서 며칠 동안 못 들어올지도 몰라. 그러니 아이들 데리고 잘 지내도록 해요."
> 그리고는 곧장 집을 나섰다.
> 아내 홍은혜는 지금도 "남편이 그때 정말로 회의 때문에 며칠 동안 못 들어오는 줄 알았다."고 회상한다.[25]

---

25) 한국해양전략연구소, 「해군창설의 주역 손원일 제독(상)」, P.369.

1950년 9월 15일 0시, 인천 앞바다를 가득 메운 UN군 8개국의 함정이 작전을 개시했다. 동원된 함정은 미국 225척, 영국 12척, 캐나다 3척, 호주 2척, 뉴질랜드 2척, 프랑스 1척, 네덜란드 1척, 그리고 대한민국 해군 15척, 총 261척이었으며, 지상군 병력은 7만5천여 명에 달했다.

우리 해군이 동원한 함정의 수도 적지 않아 보이지만, 실질적으로 전투를 수행할 수 있는 함정은 손원일이 미국에서 구입한 PC(701·702·703·704) 4척뿐이었다. 나머지 11척은 일본 해군에게서 인수한 JMS(302·303·306·307) 4척과 미군에게서 인수한 YMS(501·502·503·510·512·513·515) 7척으로, 모두 기뢰를 제거하는 소형 함정이었다.

피카웨이 함상의 손원일(왼쪽)

공격부대 기함 마운트매킨리 호에서 작전 상황을 지켜보는 맥아더 원수(가운데). 왼쪽으로부터 오른쪽으로 미 제7함대 사령관 스트러블 제독, 미 극동군사령부 작전참모부장 라이트 준장, 미 10군단장 알몬드 소장.

인천상륙작전의 개념은 다음과 같았다. 우선 해군의 포격과 폭격으로 상륙지점의 북한군을 무력화시킨 다음, 돌격부대인 미 해병 1사단(국군 해병 1연대 포함)이 인천에 상륙하여 해안에 교두보를 확보하고 인천 시가지를 점령한다. 이어 신속하게 김포공항을 접수한 후 한강을 도하하여 서울을 탈환하고 북쪽의 고지들을 확보한다.

한편, 후속부대인 미 7사단(국군 17연대 포함)은 미 해병 1사단의 우측(남쪽)으로 기동하여 서울의 남쪽 고지들과 한강의 남쪽 제방을 점령한다. 또한, 미 7사단의 일부 병력은 수원방면으로 진출하여 낙동강전선에서 밀고 올라올 미 8군과 연결한다는 것이었다.

9월 15일 05시, 항공모함에서 발진한 코르세어 함재기들이 월미도를 폭격하기 시작했다. 건너편 인천항의 해안포대에서 응사를 했지만, 아군의 순양함과 구축함들이 포문을 열기 시작하자 곧 잠잠해졌다.

당시 우리 PC들도 큰 역할을 했다. 백두산함을 비롯한 4척의 PC는 450톤의 작은 함정이었다. UN군의 대형 함정들은 큰 덩치 때문에 연안에 가까이 접근하지 못했다. 이에 비해 소형인 우리 PC들은 자유롭게 연안에 접근할 수 있었다. 우리 PC들은 인천 내항 깊숙이 침투하여 소총으로 조준사격을 하듯이 적의 군사시설들을 정밀하게 포격했다.

06시 31분, 상륙 선봉부대인 미 해병 5연대 3대대 병력이 월미도 해안에 상륙했다. 이어 제2상륙부대와 제3상륙부대가 차례로 월미도 해안에 상륙했다. 북한군은 산기슭의 동굴 속으로 도망쳐 수류탄을 던지며 저항했다. 하지만 M26 퍼싱 전차가 동굴 입구로 포탄을 발사하자 북한군들은 백기를 들고 걸어 나올 수밖에 없었다.

오전 10시경, 미 해병 5연대 3대대가 소월미도 진공작전을 시작했다. 소월미도에는 약 1개 소대의 북한군이 방어하고 있었지만, 1시간여의 격전 끝에 진압되었다. 월미도와 소월미도의 북한군 소탕작전은 정오경에 완전히 마무리되었다.

18시, 밀물시간에 맞춰 인천을 목표로 한 2차 상륙작전이 성공적으로 수행되었다. 미 해병 5연대와 한국 해병대 주력 부대가 인천의 만석동 적색해안(Red beach)에 상륙한 것이다. 한국 해병대 속에는 손원일도 섞여 있었다. 41세의 중년 남자 손원일은 20세 전후의 새파란 청년들과 함께 적진을 향해 달렸다.

상륙작전에 성공한 한미연합군은 머뭇거림 없이 다음 단계로 넘어갔다. 연이은 함포사격과 해병대의 상륙으로 북한군은 처참하게 내몰렸다. 인천 시내에서 벌어진 맹렬한 시가전 끝에 9월 16일 새벽, 결국 북한군은 인천을 포기했다.

인천을 탈환한 UN군과 북한군 포로들. 오른쪽 안경 쓴 사람이 손원일 제독이다.

9월 17일, 인천 시내의 잔적(殘敵)을 모두 소탕한 한국 해병대는 서울을 탈환하기 위해 부평으로 진격했다. 손원일은 부평의 미 5해병연대 지휘소를 찾아가 한국 해병대의 공격 진로에 대해 협의했다.

바로 그날, 맥아더 원수가 7함대 사령관 스트러블 제독, 알몬드(Edward M. Almond) 10군단장 등 휘하 지휘관들을 대동하고 인천에 상륙했다. 맥아더는 미 1해병연대 지휘소에서 전선 상황을 보고받은 후, 미 5해병연대 지휘소로 이동했다. 그곳에서 손원일을 발견한 맥아더는 악수를 청하며 X-ray작전을 성공적으로 수행한 한국 해군 첩보부대의 활약을 치하했다.

손원일도 인천상륙작전의 성공을 치하하며, 부탁 하나만 들어달라고 요청했다. 맥아더가 고개를 끄덕였다. 말해보라는 표시였다.

"서울탈환에는 우리 해병대가 선봉을 맡게 해주십시오."

맥아더가 옆에 서있는 알몬드 10군단장에게 고개를 돌렸다.

"알몬드 장군, 서울에 맨 먼저 입성하는 영예를 한국 해병대에게 양보하는 건 어떨까?"

그렇게 하라는 얘기였다.

서울탈환작전

 인천에 상륙한 후, 손원일이 가장 신경을 쓴 것은 부역자(附逆者) 문제였다. 자발적이고 악질적인 부역자도 있었겠지만, 대부분의 경우는 살기 위해 어쩔 수 없이 적에게 협조했을 것이라는 게 손원일의 생각이었다. 손원일은 해병대 간부들에게 이렇게 지시했다.

 "포로들을 함부로 죽여서는 안 된다. 부역자들은 반드시 경찰에 넘기도록 하라."

 죄 없는 양민들의 희생도 필사적으로 막았다. 손원일은 서울 시가지에 대한 무분별한 폭격을 막기 위해 노력했다. 손원일은 항상 최선봉에 섰다. 최전선에서 직접 적정을 살핀 후, 미군 측에 전달하여 불필요한 공중 폭격을 막았다. 그 과정에서 손원일은 4번이나 죽을 고비를 넘긴다.

 서울 서쪽 외곽 104고지전투와 연희고지전투를 치르며 서울로 진격한 한국 해병대가 9월 26일, 서울역 앞까지 진출했다. 남대문 옆 건물에 진지를 구축한 북한군이 필사적으로 저항했다. 이어 서울시내 곳곳에서 시가전이 벌어졌다.

9월 27일 오전 6시 10분경, 해병대 6중대 1소대장 박정모(朴正模) 소위와 양병수(梁丙洙) 이등병조, 최국방(崔國方) 견습해병 세 사람이 중앙청에 태극기를 게양했다. 서울을 탈환한 것이다.

손원일은 9월 28일, 국군 최고지휘관으로서 서울 시민에게 포고문을 발표했다. 이승만 대통령을 대신하여 서울 시민의 동요를 막고, 민심을 무마하는 중요한 역할을 수행했던 것이다.

친애하는 서울 시민 여러분!
그간 공산당의 강압 하에서 받은 고통은 도저히 입으로는 표현할 수 없는 참혹한 것이었다고 본관도 잘 알고 있습니다. 그러나 자유와 인격을 존중하는 우리 대한민국에 불법 침입해 온 적은 정의를 사랑하는 유엔군 16개국의 용사들이 우리 국군과 함께 그네들을 구축(驅逐)하고 있으므로 멀지 않아서 남한은 평화를 회복할 것입니다.
물론 남북전쟁은 이것으로 끝나는 것이 아니고 앞으로 국민 여러분은 남북통일이라는 성스러운 과업이 남아있다는 것을 잊어서는 아니 될 것입니다.
여러분은 자유라는 것이 그 얼마나 귀중하다는 것을 공산치하 82일간에 체험하였을 줄 아는데 이 자유의 대가로서 성스러운 우방국 용사들과 함께 우리 국군의 귀중한 생명과 막대한 물자가 소비되었다는 것을 잊지 말기를 바랍니다.
유엔군과 아군은 서울시내의 건물은 되도록 파괴하지 않으려고 하였으나 잔악무도한 북한군의 초토전술을 방지하기 위해서는 부득이 그네들의 거점이 된 건물을 파괴하지 않을 수 없었습니다. 여러분은 군의 고충을 양찰하시고 거족적 정신을 발휘하여 우리 조국 재건에 매진하여 주기를 본관은 거듭 바라마지 않습니다.[26]

인천상륙작전과 서울탈환작전으로 후방으로부터의 보급이 끊긴 낙동강방어선의 북한군은 지리멸렬하기 시작했다. 북한군은 황급히 북으로 퇴각했다. 상황이 바뀌어, 이번에는 국군과 UN군이 북쪽으로 진격했다.

10월 1일, 김백일 장군이 지휘하는 육군 제1군단(수도사단, 3사단)이 38도선을 돌파했다. 국군과 UN군은 서로 경쟁이라도 하듯 빠르게 북진했다. 10월 10일, 동부전선의 국군 제1군단이 원산을 점령했고, 10월 19일에는 서부전선의 국군 제1사단과 UN군이 평양에 입성했다. 한반도의 통일이 눈앞에 다가온 것 같았다.

---

26) 해군본부, 「대한민국해군의 아버지 손원일 제독 어록」, P.155.

함정 확보에 힘쓰다

손원일은 6·25전쟁 중에도 미래를 대비했다. 미 해군 지휘부에 한국 해군의 전력증강 필요성을 수시로 제기하며 함정 확보에 온 힘을 기울인 것이다. 그 결과 미국으로부터 30여 척의 함정을 무상으로 인수할 수 있었다.

미군 장성들은 손원일에게 애로우(Arrow: 화살)라는 별명을 붙였다. 그것은 손원일이 마치 날아가는 화살처럼 모든 면에서 신속하고 정확했기 때문이었다. 영어와 독일어에 능통하며, 당당한 풍모와 인품을 갖춘 손원일은 미군 사이에서 명망이 높았다.

1950년 9월 12일, 미 해군 제96기동부대의 예하였던 제96.5기동전대(한·일지원전대)가 제95기동부대로 승격됐다. 미 해군 제95기동부대(Task Forces 95= U.N. Blockading and Escort Force)는 일본 사세보(佐世保)항을 모항(母港)으로 봉쇄작전과 호송작전을 수행하는 부대였다. 앨런 스미스(Allen E. Smith) 해군 소장이 지휘하는 제95기동부대는 서해안전대, 동해안전대, 소해(掃海)전대, 그리고 한국 해군으로 구성되었다. 제

95기동부대가 작전을 제대로 수행하려면 한반도 해역에 밝은 한국 해군이 반드시 필요했던 것이다.

　손원일은 한국 해군이 제 기능을 발휘하려면 대형 함정이 필요하다고 다시 한 번 미 해군에게 요구했다. 그래서 인수하게 된 함정이 일본 요코스카(橫須賀) 기지에 있던 PF-61(두만강)함과 PF-62(압록강)함이었다. 1950년 10월, 미 해군으로부터 PF 2척을 인수한 손원일은 뛸 듯이 기뻤다. 거기에는 그럴만한 사정이 있었다.

　1949년 10월, 미국에서 전투함을 구입할 때의 일이다. 사우스캐롤라이나 주의 찰스턴(Charleston) 항에 6~7만 달러의 싼 값으로 팔려는 PF가 있다는 소식을 들은 손원일이 장면(張勉) 주미대사를 통해 미 국무성과 구매 교섭을 했다. 하지만 미 국무성은 단호하게 거절했다.

　앞에서도 얘기한 바 있지만, 미국은 대한민국에게 대형 공격용무기를 지원하지 않으려고 했다. 그런 이유로 대형 함정인 PF의 판매를 거부했던 것이다. 미 국무성은 그 대신 450톤의 작은 함정인 PC를 구입한다면 주선해줄 용의가 있다고 했다. 그래서 백두산함을 비롯한 4척의 PC를 구입했던 것이다. 손원일이 그토록 가지고 싶어 했던 PF는 어떤 함정인가?

　제2차 세계대전 당시 연합국에 뒤처지는 해군력을 보강하기 위해 독일은 잠수함 U-보트를 대서양에 투입하여 엄청난 전과를 올렸다. 1939년 9월 1일부터 1945년 5월 8일 사이에 독일의 U-보트는 연합군의 항공모함 6척, 전함 2척, 순양함 6척, 구축함 52척을 포함하여 총

148척을 침몰시켰고, 45척에 손상을 입혔다. 또한 연합군 상선 2,759척을 침몰시켰다. U-보트 또한 753척이 상실되었지만, 피해에 비해 어마어마한 전과를 올렸던 것이다.

영국 같은 경우는 U-보트에 의해 수많은 자국의 상선들이 침몰됨으로써, 대외무역이 궤멸상태에 빠져 패전 직전까지 내몰렸을 정도였다. 때맞춰 미국이 참전하지 않았다면 영국은 독일에게 패전했을지도 모른다.

당시 수송선의 호송은 DE(Destroyer Escort: 호위구축함)들이 담당했다. 하지만 독일의 U-보트에 맞설 호위구축함이 턱없이 부족해지자, 미국은 1942년부터 성능이나 규모는 호위구축함보다 떨어지지만 탑재한 무기는 호위구축함 급으로 갖춘 함정을 대량으로 양산하기 시작했다. 즉 호위구축함보다 가격이 훨씬 싼 배를 양산하여 호위구축함 대신 사용한 것인데, 그것이 바로 PF(Patrol Frigate: 호위함)였다.

2,100톤급의 소형 전투함인 PF는 3인치 포와 40㎜·20㎜ 기관포, 대잠수함 폭뢰 등을 장착하고 있어 대공(對空), 대함(對艦), 대지(對地) 공격 무기체계를 두루 갖추었는데, 특히 대잠(對潛) 능력이 탁월한 함정이었다. 크기는 작아도 구축함(驅逐艦) 급의 능력을 지닌 함정인 것이다.

이후 한국 해군은 1951년 10월, 다시 PF 63(대동강)함과 65(낙동강)함을 인수했다. 그리고 작전 중에 파손되어 폐함(1952년 5월)된 62함 대신 66(임진강)함을 인수하여 모두 4척의 PF를 보유하게 된다. 이 함정들은 6·25전쟁 중 대한민국 해군의 주력으로 활약한다.

6·25전쟁 초기, 작은 함정밖에 없었던 우리 해군은 주로 연안을 경비하고 봉쇄하는 임무를 수행했었다. 하지만 미국이 4척의 PF함을 한국 해군에 양도하기 시작하면서 우리도 작전의 폭이 넓어지기 시작했다. 미 해군과 함께 봉쇄작전과 호송작전을 수행하게 된 것이다.

PF 66함, 65함, 61함, 63함(왼쪽으로부터)

소해작전과 704함

봉쇄작전과 호송작전 외에 우리 해군이 수행한 또 하나의 중요한 임무는 기뢰(機雷)를 제거하는 소해(掃海)작전이었다. 6·25전쟁 기간 내내 UN군 해군은 동·서·남해를 장악했다. 막강한 UN군 해군의 화력과 기동력에 밀린 북한군과 중공군은 해상작전을 거의 포기하다시피 했다.

그렇지만 바다를 아주 포기한 것은 아니었다. 그들은 해안을 방어하기 위해 해안의 고지대나 동굴 같은 곳에 중공제 장사포(長射砲)를 배치하고, 바다에는 소련제 기뢰를 부설했다.

기뢰는 부설 방법에 따라 계류(繫留)기뢰, 해저(海底)기뢰, 부유(浮遊)기뢰로 분류된다. 계류기뢰는 물 위에 띄우는 기뢰로, 바다 밑바닥에 닻을 고정하고 그 닻과 기뢰를 선으로 연결하여 설치한다. 해저기뢰는 수심이 비교적 얕은 바다의 아래에 설치하는 기뢰이며, 부유기뢰는 바다 위에서 조류(潮流)나 바람의 방향에 따라 이리저리 이동하는 기뢰다.

Wonsan: Off the beaches of Kalma Pando the ROKN YMS 516 is blown up by a magnetic mine.   18 October 1950.
(USN 423625)

1950년 10월 18일, 원산 영흥만 소해작전 중 북한군이 설치한 기뢰와 접촉하여 폭파되는 YMS 516정

계류기뢰는 함정에서 발진한 헬리콥터가 기뢰의 위치를 확인하면, 소해함이 가서 기뢰에 연결된 선을 절단해 폭파했다. 수중의 기뢰는 주로 폭격으로 제거했다. 기뢰의 위치가 파악되면 수십 대의 함재기가 날아가 기뢰 설치 지역에 폭탄을 투하했다. 폭탄은 수압식 신관으로 조종되어 수심 20~25피트에서 폭발하는 폭탄을 사용했다.

하지만 물 위에 떠다니는 부유기뢰의 경우는 거의 속수무책이었다. 당하면 운명으로 돌릴 수밖에 없었다. 6·25전쟁 기간 동안 수많은 UN군 함정들과 승조원들이 희생을 당했으며, 심지어 기뢰를 제거하는 소해함마저도 피해를 입었다.

이때 많은 수의 우리 해군 소해정들도 희생을 당했다. 특히 1950년 10월 18일, 원산 영흥만에서 소해작전을 수행하다가 자기지뢰와 접촉하여 폭발한 YMS 516정의 최후는 그 장면이 사진에 찍혀 남아있다.

소해정들뿐만이 아니었다. 1951년 12월 26일, 원산항에서 적의 기뢰에 당해 침몰한 704함의 경우는 함장 이태영(李泰永) 소령(중령 추서)을 비롯한 전 장병 57명이 함과 운명을 함께하는 우리 해군 역사상 가장 뼈아픈 참사였다.

704함의 비보를 접한 함명수 중령이 해군사관학교 동기인 이태영 소령의 시신을 수습하기 위해 즉시 여도(麗島)로 달려갔다. 원산 앞 바다의 여도에는 우리 해군의 동해첩보부대와 해병대가 주둔하고 있었는데, 여도 해안으로 이태영 소령을 비롯한 6명의 시신이 파도에 밀려왔던 것이다.

12월 28일 오후, 여도 해변에서 6명의 전사자들에 대한 영결식을 거행한 함명수 중령이 전사자들의 유품인 혁대 다섯 개(한 개는 유실)를 챙겨 해군본부로 돌아왔다. 이날 함명수 중령은 손원일의 눈물을 처음 보았다고 회고한다.

> 책상 위에 올려놓은 혁대 다섯 개를 한참 바라보던 총장은 불현듯 고개를 떨구며 돌아섰다.
> 흑흑 흐느끼는 소리를 듣고 혁대를 가지고 나오려 하자 그는 "내 방에 두고 가라."고 손짓했다. 애함(愛艦)과 운명을 함께한 부하들과 하룻밤 같이 지내고 싶은 모양이었다.[27]

---

27) 함명수, 「바다로 세계로」, PP.241.

흥남철수작전

1950년 10월 25일, 돌연 중공군이 나타나 아군의 배후를 쳤다. 한반도의 사태를 주시하고 있던 중공군이 결국 참전한 것이다. 뛰어난 화력과 수많은 폭격기를 보유한 UN군이었지만, 끝없이 밀려오는 30만 명에 달하는 중공군 앞에서는 속수무책이었다.

결국 국군과 UN군은 다시 남쪽으로 철수를 해야 했다. 11월 29일 새벽 1시 30분, UN군 총사령관 맥아더 원수가 전 군에 평양-원산선인 39도선으로 철수하라고 명령했다.

12월 중순, 서부전선의 국군과 UN군이 38도선 북방까지 후퇴했다. 12월 말에 이르러서는 임진강-연천-춘천-양양 선까지 밀리게 된다.

동부전선의 경우는 더욱 참담했다. 11월 30일, 미 제10군단장 알몬드 소장이 동부전선의 병력을 해상으로 안전하게 철수시키기 위해 국군과 UN군에게 함흥과 흥남, 그리고 성진으로 집결하라는 명령을 내렸다.

주위의 땅이 모두 중공군에게 포위당했기 때문에 안전하게 철수할 수 있는 길은 바다밖에 없었다. 국군과 UN군의 철수가 마무리될 때까지 동부전선의 각 항구에서 철수작전이 실시됐다. 아군의 철수 소식을 전해들은 주민들이 남쪽으로 피난하기 위해 아군이 있는 항구들로 모여들었다. 그 수가 수십만 명에 달했다.

정일권 총참모장과 김백일(金白一) 제1군단장을 비롯한 국군 지휘관들은 피난민을 한 명이라도 더 배에 태우기 위해 노력했다. 손원일도 동해와 서해에서 작전 중인 해군 지휘관들에게 전문을 하달했다.

'이 작전은 우리 해군의 책임감을 시험하는 것이다. 무엇보다도 뜨거운 동포애를 발휘해서 한 사람이라도 더 구출하도록 하라.'

손원일 제독은 해군이 발 벗고 나설 일이라면서 최선의 대비책을 약속했다.

원산 앞바다와 황해도 해안의 여러 섬을 주목하기 시작했다. 원산 앞바다에는 여도(麗島)를 비롯, 대도(大島)·소도(小島)·신도(薪島)·황토도(黃土島)·웅도(熊島) 등이 있다. 황해도 해안에도 수많은 섬들이 산재해 있다. 그 중에서도 교동도(喬桐島)·백령도(白翎島)·석모도(席毛島) 등을 우선 확보해 두기로 했다. 이 밖에도 함북 명천(明川) 앞바다의 길주양도(吉州洋島)와 명천양도(明川洋島)도 작전에 포함시켰다. 해군은 이 여러 섬들을 피난민의 일차 수용지로 삼는 외에 더 크게는 북한 철수가 불가피해지면, 해안봉쇄와 첩보활동 및 유격활동의 근거지로 확보해 두기로 했다.

손원일 제독의 이러한 준비는 얼마 안 되어 커다란 성과를 거두게 되었다. 예상했던 대로 황해도 해안선에는 평안남북도와 황해도의 피난민들이 몰려들어 그 중 6만여 명이 여러 섬으로 빠져나올

수 있었다.[28)]

해군 지휘관들은 필사적으로 어선과 민간선박을 징발하여 피난민들을 태웠다. 12월 9일, 병력과 장비, 그리고 피난민을 잔뜩 태운 함정들이 원산항을 떠났다. 이날, 성진항에서도 철수작전이 실시됐다. 동해안 최대의 철수작전은 흥남철수작전(1950. 12. 15.~ 24.)이었다.

함정을 빽빽하게 메운 피난민들

---

28) 정일권, 「정일권회고록」, P.315.

흥남철수작전 기간 동안 동원된 아군의 함정은 LST(상륙함) 81척, LSD(상륙용 주정 모함) 11척, MSTS(해상수송부대) 수송선 76척을 비롯해 모두 200여 척에 달했다. 거기에 수백 척으로 짐작되는 어선과 민간선박도 동원됐다. 또한 한국 해군의 수송함 AKL-905(진남포)함, 교통부로부터 징발한 LST 단양·가평·조치원·삼랑진, 그리고 대형 발동선 17척도 동원됐다.

흥남철수작전에서는 국군과 UN군 10만5천 명과 피난민 9만1천 명이 철수하였으며, 차량 1만7천여 대, 연료 2만9천여 드럼, 탄약 9천여 톤 등 35만 톤의 장비도 가지고 왔다.

이 기록은 미군의 공식 기록이고, 우리 측에서는 남쪽으로 철수시킨 피난민의 숫자를 약 20만 명으로 추산하고 있다. 흥남항에서 9만1천 명, 성진항에서 1만2천 명, 그리고 흥남에서 성진까지 모든 포구와 해변 곳곳에서 징발한 어선 등에 태워 철수시킨 인원까지 총 20만 명으로 추산하고 있는 것이다. 서글픈 사실은 탈출한 피난민보다 남겨두고 온 피난민이 더 많았다는 것이다.

육해공군 총참모장들의 도원결의

1950년 12월 말, 서울은 유령도시로 변하고 말았다. 6개월 전 6·25 전쟁 발발 당시 미처 피난을 가지 못해 공산당의 폭정을 뼈저리게 경험했던 서울시민들이 이번에는 일찌감치 보따리를 챙겨 남쪽으로 피난한 것이다.

어느 날, 각 군의 책임자인 해군총참모장 손원일, 육군총참모장 정일권(丁一權), 공군총참모장 김정렬(金貞烈)이 회의를 마친 후 늦은 저녁을 먹었다. 이 날, 세 사람은 손원일의 제안에 따라 의형제를 맺게 된다.

> "어지러운 세상에 태어나 군을 창설하고 또 군 발전을 위해 애써 오다가 조국의 운명을 건 전쟁을 치르고 있는 이때에 우리 셋이 각 군을 책임지는 자리에 있으니 이것도 보통 인연이 아니지 않소? 옛날 중국에서 유비·관우·장비가 나라의 장래를 걱정하면서 도원결의(桃園結義)하고 의형제를 맺었듯이 우리도 의형제를 맺어 국가 발전에 초석이 되는 건 어떻겠소?"

손원일의 말이 끝나자 정일권과 김정렬은 "그것 참 좋은 생각입니다." 하고 동시에 대답했다. 세 사람은 술잔을 높이 들고 "국가와 민족을 위해 목숨 바칠 형제가 될 것을 맹세합니다."라며 건배를 했다.

한창 전쟁을 치르고 있던 중이라 나라의 장래를 책임질 위치에 있던 세 사람의 마음은 쉽게 하나가 될 수 있었다. 당시 정일권과 김정렬은 1917년생으로 동갑(33세)이었고, 1909년생인 손원일(41세)은 이들보다 여덟 살이 많았다. 손원일이 큰형님이 되고, 생일이 빠른 김정렬이 둘째, 그리고 정일권은 막내가 되었다.

그날부터 이들 김정렬과 정일권은 사석에서는 손원일을 형님으로 깍듯이 모셨다. 이후 이들의 우정은 죽을 때까지 변함이 없었고, 작은 금조차 간 적이 없었다.[29]

이 세 사람과 제3대 UN지상군사령관 겸 미 8군사령관(1951. 4. 14.~1953. 2. 10.) 밴 플리트(James A. Van Fleet, 1892.~1992.) 장군과의 재미있는 일화가 있다.

1951년 6월, 손원일이 대구 육군본부로 정일권을 방문했다. 정일권의 전화를 받은 김정렬도 합류했다. 당시 공군본부도 대구에 있었다. 한동안 정담을 나누던 세 사람이 미 8군사령부로 밴 플리트 장군을 찾아갔다.

밴 플리트는 미군 장성들 중 가장 한국인과 한국의 문화를 사랑하

---

29) 한국해양전략연구소, 「해군창설의 주역 손원일 제독(하)」, PP.406-407.

는 인물이었다. 저녁시간이 다가오자, 네 사람은 동성로에 위치한 한식집으로 자리를 옮겨 저녁을 먹었다. 공적으로는 대한민국 각 군의 총참모장들과 미 8군사령관이었지만, 사석에서는 흉금을 털어놓는 사이였다.

밴 플리트는 의형제를 맺은 세 사람의 우정을 무척 부러워했다고 한다. 술이 몇 순배 돌자 밴 플리트가 부탁이 있다고 졸랐다. 자신도 손원일을 형님이라고 부르게 허락해달라는 장난기 가득한 부탁이었다. 자신보다 스무 살 가까이 많은 사람이 형님이라고 부르겠다니, 손원일은 난감했다. 손원일이 조크를 던졌다.

"나에게는 나보다 키 큰 동생은 없습니다."

그러자 밴 플리트가 허리를 숙여 키를 낮추고 술을 따라 권하면서 손원일에게 형님이라고 부르는 것이 아닌가.

"애로우(Arrow) 흉님!"

"흉님"이라는 발음에 좌중이 배꼽을 잡고 박장대소를 했다고 한다. 이처럼 손원일과 김정렬, 정일권은 모두가 부러워할 정도로 변치 않는 우정을 지속했다. 여담이지만 최초의 4성장군인 백선엽(白善燁) 장군도 이 세 사람의 우정을 무척 부러워했다고 한다.

1951년 6월에 촬영한 것으로 추정되는 기념사진. 왼쪽으로부터 ①정일권 육군총참모장 ②김정렬 공군총참모장 ③밴 플리트 미 8군사령관 ④손원일 해군총참모장

휴전회담과 고지쟁탈전

1951년 1월 4일, 국군과 UN군이 서울을 다시 공산군에게 내주고 말았다. 이른바 1·4 후퇴였다. 1·4 후퇴는 연합군에게는 자존심에 상처를 주었고, 국민에게는 서울을 두 번 버려야만 하는 아픔을 심어주었다.

전열을 재정비한 UN군이 1951년 1월 25일, 총반격을 개시했다. 3월 14일에 여의도에서 한강을 도하한 국군은 3월 15일, 두 번 버려야만 했던 서울을 다시 손에 넣었다.

하지만 중공군과 북한군은 4월과 5월에 걸쳐 다시 대공세를 펼쳤다. 이른바 춘계 대공세였다. 아군과 적군 모두 큰 피해를 입었다. 공산군은 총병력의 30%를 잃었고 UN군도 3만여 명의 전사자를 냈다.

1951년 6월 23일, UN주재 소련대사 말리크(Jacob Malik)가 휴전회담을 제안했다.

"한국에서 유혈전쟁을 끝내려면 휴전회담을 열고 38도선에서 쌍방의 군대가 철수해야 한다."

UN에서 휴전을 제안하는 말리크 UN주재 소련대사

끊임없는 소모전에 지친 소련과 미국 모두 전쟁을 중지해야 한다는 데 의견을 함께했다. 7월 10일, 전 세계의 이목이 집중된 가운데 개성에서 제1차 휴전회담 본회담이 열렸다. UN군의 목표는 테이블에서 전쟁을 평화롭게 끝내는 것이었다. 하지만 기대와는 달리 휴전회담은 2년여 동안에 걸쳐 지루하게 계속된다.

UN군 대표단은 알레이 버크(Arleigh Burke) 미 해군 소장, 크레이기(Lawrence C. Craigie) 미 공군 소장, 호디스(Henry I. Hodes) 미 육군 소장, 그리고 한국군 대표 백선엽 소장, 수석대표인 미 극동해군사령관 조이(Joy C. Turner) 중장의 다섯 명이었다.

1951년 7월 10일, 휴전회담장인 개성으로 가기 전 헬리콥터 앞에서 기념촬영을 한 UN군 대표단(왼쪽으로부터 알레이 버크 미 해군 소장, 크레이기 미 공군 소장, 백선엽 소장, 조이 미 해군 중장(수석대표), 리지웨이 UN군사령관, 호디스 미 육군 소장)

휴전회담이 시작되면서부터 6·25전쟁의 양상이 많이 달라졌다. 개전 초기 북한군이 낙동강까지 밀고 내려왔던, 그리고 우리가 반격에 성공하여 압록강까지 밀고 올라갔던, 전면적으로 밀고 밀리는 전투가 사라진 것이다.

이후 2년여 동안의 전투는 UN군과 공산군이 38도선 부근에서 서로 유리한 지형, 즉 적을 내려다볼 수 있는 고지를 확보하기 위한 '고지쟁탈전' 형태로 변모했다. UN군과 공산군은 한 뼘의 땅이라도 더 차지하기 위해 공방전을 벌였다.

1951년 11월 27일, 휴전회담에서 '휴전선은 정전협정(停戰協定) 조인 당시의 접촉선으로 정한다.'는 합의가 이루어지면서 고지쟁탈전은 더욱 치열해졌다. 휴전이 될 때까지 피의능선전투, 단장의능선전투, 수도고지전투, 저격능선전투, 백마고지전투, 351고지전투 등이 끊임없이 이어졌다.

　한편, 1951년 6월 22일에 정일권 제5대 육군총참모장이 물러났다. 그리고 다음 날인 6월 23일, 제6대 육군총참모장에 이종찬(李鍾贊) 소장이 취임했다. 정일권 중장은 7월 19일, 미 육군대학으로 유학길에 올랐고, 1년 후인 1952년 7월 10일에 귀국하게 된다.

이·취임식 후 악수를 나누고 있는 제5대 육군총참모장 정일권(왼쪽)과 제6대 육군총참모장 이종찬

1952년 1월 12일, 손원일이 육군의 이종찬 장군, 백선엽 장군과 함께 중장으로 진급했다. 그해 11월, 미국의 대통령이 바뀌었다. 제34대 미국 대통령 선거에서 아이젠하워(Dwight D. Eisenhower)가 당선된 것이다. 아이젠하워는 제2차 세계대전 당시 연합군 최고사령관을 맡아 노르망디상륙작전을 성공적으로 이끈 최고의 전쟁영웅이었다.

 아이젠하워는 대통령 후보 시절 '6·25전쟁의 조기 휴전'을 공약으로 내걸었었다. 1952년 12월 2일, 제34대 미국 대통령 당선자 아이젠하워가 내한했다. "한국전쟁을 종결짓기 위해 자신이 직접 한국에 다녀오겠다."는 선거공약을 실천하기 위해서였다.

내한한 아이젠하워 미 대통령 당선자(오른쪽에서 ②)와 이승만 대통령

대한민국의 상황을 살피고 미국으로 돌아간 아이젠하워는 6·25전쟁을 신속하게 매듭짓는 한편, 한국군의 전력을 획기적으로 증강해서 미군이 한반도에서 떠날 때를 대비하는 방안을 강구했다. 한마디로 조속히 전쟁을 끝낸 후, 한반도에서 미군을 철수하겠다는 것이었다.

6·25전쟁 발발 당시 국군의 총병력은 103,827명에 불과했으며, 육군은 8개 사단(1·2·3·5·6·7·8사단과 수도경비사령부)을 보유하고 있었다. 그러다가 전쟁 중이던 1950년 8월 27일에 제11사단이, 10월 25일에 제9사단이 창설되어 10개 사단으로 늘어나게 되며, 병력도 대폭 확충된다.

그리고 1952년 말부터 휴전과 미군철수에 대비하여 기존의 10개 사단 병력을 20개 사단으로 대폭 증강하게 되는 것이다.

〈표-1〉 사단 증편 과정

부대	창설일	창설 근거	규모(1954. 5. 2.)
12사단	1952. 11. 8.	국일명(육) 제207호	15,282명
15사단			15,120명
20사단	1953. 2. 9.	국일명(육) 제39호	15,060명
21사단			15,025명
22사단	1953. 4. 21.	국일명(육) 제107호	15,053명
25사단			15,739명
26사단	1953. 6. 18.	국일명(육) 제202호	15,088명
27사단			14,742명
28사단	1953. 11. 18.	국일명(육) 제431호	14,926명
29사단			12,406명

(출처: 국방부 군사편찬연구소, 「한미동맹 60년사」, p.69.)

1952년 12월 1일, 김정렬 소장이 공군총참모장에서 물러났다. 제2대 공군총참모장에는 광복군 출신의 노익장 최용덕(崔用德) 장군이 임명됐다. 김정렬은 '한국군사사절단'의 초대단장을 맡아 12월 20일, 도쿄로 부임한다.

공군총참모장 이·취임을 하는 최용덕과 김정렬(오른쪽)

 이승만 대통령은 줄곧 UN군사령부에 UN군 부사령관직을 한국군 장성에게 달라고 요청해왔었다. 요즘의 한미연합군사령부 같은 조직을 그때 이미 구상했던 것이다. 하지만 미국 측의 반응은 냉담했다.
 그러다가 한미 간에 절충안이 마련되었는데, 국군의 고위 장성과 소수의 막료를 UN군사령부에 파견하여, UN군의 작전 수립 과정에 한국군의 입장을 대변하도록 하는 것이었다. 이것이 바로 한국군사사절단이었다.

한국군사사절단은 김정렬 공군 소장을 비롯하여 최덕신 육군 준장, 이수영 육군 대령, 정규섭 해군 대령, 김병훈 육군 중위까지 모두 5명으로 구성됐다. 당시 UN군사령부는 사령관 클라크(Mark Wayne Clark) 대장과 참모장 히키 중장, 그리고 12명의 소장이 주요 참모로 업무를 수행하고 있었다. 한국군사사절단은 이들과 함께 작전 명령의 초보 단계부터 참여하면서 업무를 수행하게 된다.

UN군사령부에 파견된 한국군사사절단. 왼쪽에서 ②김정렬

반공포로 석방

1953년 6월 18일 0시, 이승만 대통령이 반공포로를 석방했다. 미군의 반대를 무릅쓰고 원용덕(元容德) 헌병총사령관을 시켜 대구, 마산, 광주, 논산, 영천, 부평, 부산 등 7개의 포로수용소에 수용 중이던 2만7천여 명의 반공 포로들을 전면 석방한 것이다.

반공포로 석방

UN군 측과 공산군 측이 휴전회담에서 가장 첨예하게 대립했던 의제는 포로문제였다. UN군 측은 포로 개개인의 자유의사에 따라 한국·북한·중공 또는 대만을 선택하게 하는 이른바 '자원송환방식'을 주장했다. 이와는 반대로 공산군 측은 모든 중공군과 북한군 포로가 무조건 조국에 송환되어야 한다는 이른바 '강제송환방식'을 고집했다.

이 문제 때문에 1952년 2월 27일부터 약 2개월 동안 협상이 중단됐다. 이렇게 쌍방이 서로의 주장을 굽히지 않은 데에는 이유가 있었다.

UN군 측에서 본다면 공산군 측의 주장대로 강제 송환을 한다는 것은 이제까지 주장해 온 인도주의와 자유주의를 스스로 포기하는 것이 될 뿐만 아니라, 6·25전쟁에 개입한 명분에도 어긋나는 것이었다.

한편, 공산군 측의 입장에서는 만일 포로의 일부가 귀환을 거부하게 되면 침략자인 UN군을 추방하여 남한을 해방시킨다는 이른바 '정의의 전쟁'이라는 기치가 퇴색될 것이고, 장병들 간에도 전쟁의 목적에 의구심을 갖는 자가 발생할 우려가 있었다. 이와 같이 포로교환 문제는 민주주의와 공산주의 이데올로기의 대립 그 자체를 의미하는 것이었다.

이 와중에 공산군 측이 큰 충격을 받게 되는 사건이 발생했다. 그것은 1952년 4월 10일에 UN군사령부가 공산군 포로들을 대상으로 조사를 실시한 결과, 13만2천여 명의 포로들 중 한국 내 잔류 혹은 제3국에서의 정착의사를 밝힌 포로가 무려 6만2천여 명이나 되었던 것이다.

특히 중공군 포로의 경우는 2만 명 중 1만5천 명이 중공으로 송환되

느니 차라리 죽음을 택하겠다고 선언하기까지 했다. 돌아가겠다는 포로들은 친공포로, 가지 않겠다는 포로들은 반공포로로 분류되었다.

1953년 5월 25일, UN군 측과 공산군 측이 송환을 거부하는 포로들을 중립국에 인도한다는 합의를 했다. 휴전 이후 송환거부포로들을 중립국들이 관장하는 비무장지대로 옮겨 수용하여 그들을 다시 심사한다는 내용이었다. 즉 정말로 조국으로 돌아갈 의사가 없는지를 양측이 함께 다시 한 번 확인하고, 자기 측의 포로들을 마지막으로 설득해보는 설득 면담을 한다는 것이었다.

UN군 측과 공산군 측의 입장에서는 그동안 정전협정 체결을 가로막았던 포로문제라는 걸림돌을 완전히 제거한 셈이었다. 이제 정전협정은 체결된 것이나 마찬가지였다. 하지만 이승만과 대한민국 정부는 미국에게 심한 배신감을 느꼈다.

"반공포로는 북한이나 중공으로 안 가겠다는 사람을 말해요. 다시 말하면 대한민국에 남겠다는 사람, 그다음에 대만으로 가겠다는 사람, 이 사람들을 지칭해서 반공포로라고 하거든요. 그런데 그 사람들을 북으로 돌려보내면 사형 현장에 보내는 것과 똑같잖아요. 그래서 안 보내는 거죠. 미국은 빨리 포로교환을 해서 전쟁을 빨리 끝내고 싶어 했지만, 이승만 대통령은 계속 반대를 했어요. 그러자 미국은 그것을 무시하고 공산 측과 포로 교환 합의를 본 거예요. 그래서 이승만 대통령이 미국 몰래 반공포로를 석방을 하게 되는 것이죠. 그러다 보니까 미국도 어쩔 수 없이 따르게 되고,

공산 측도 그것을 인정할 수밖에 없었던 것이죠."[30]

6·25전쟁 초기, 트루먼 미 대통령은 의회의 동의를 구하지 않고 한반도에 병력을 보냈다. 그 이전까지의 미국 대통령은 헌법에 보장된 전쟁선포에 관한 권한을 가지고 있는 의회의 동의를 사전에 구한 후에야 전쟁에 개입했었다.

하지만 트루먼은 먼저 군사적 개입을 한 후, 의회 지도자들에게 통보하는 형식을 취했다. 그랬기 때문에 전쟁이 발발한지 불과 6일 만에 제24사단 예하 스미스부대가 부산에 도착할 수 있었던 것이다.

만약 트루먼이 법적인 절차에 따라 먼저 의회에 전쟁개입 승인을 요청하고 그 결정을 기다렸다면, 대한민국은 공산화되고 말았을 것이다. 미국 외교사에서 6·25전쟁을 일명 '미스터 트루먼 전쟁(Mr. Truman War)'이라고 부르는 것도 이 때문이다.

이승만이 가장 우려한 것은 미군이 한반도에서 철수하는 것이었다. 이승만은 미국이 서둘러 공산군 측과 휴전회담을 성사시킨 뒤 한국을 버리려 한다고 생각하고 있었다.

미군이 철수한 후 북한이 다시 쳐들어올 경우, 과연 미국은 6·25전쟁 때처럼 미 의회의 승인을 얻지 않고 신속하게 미군을 파견할 수 있을 것인가? 게다가 UN 상임이사국인 소련이 거부권을 행사할 것이 확실하기 때문에 UN군을 다시 한반도에 파병하는 것 또한 불가능한

---

30) 국방부 군사편찬연구소 책임연구원 남정옥 박사 인터뷰, 2010년 3월 19일, 국방부 군사편찬연구소

상황이었다.

　전쟁이 끝나면 동아시아 한쪽에 잊힌 존재로 돌아갈 이 보잘것없는 나라가 독립과 생존을 확보하려면 확실한 안전장치가 있어야 한다고 이승만은 생각했다. 이승만은 사후 안전보장책으로 어떻게 해서든지 미군을 한반도에 붙들어두어야만 했다. 그리고 미군에게 대한민국의 안보를 책임지게 하는 방법이 바로 '한미상호방위조약(韓美相互防衛條約)'의 체결이었다.

　오랫동안 미국에서 망명생활을 했던 이승만은 누구보다도 미국의 생리를 잘 알고 있었다. 그는 미국이 하는 어떤 선언이나 약속보다도 실질적으로 필요한 안전장치는 '구속력이 보다 강하고 확실한' 양국 간의 조약이라는 것을 알고 있었던 것이다.

　이승만은 정전협정을 체결하기 전에 한미상호방위조약부터 체결하자고 미국에게 요구했다. 하지만 미국은 한국 정부를 배제한 채 휴전을 서두르고 있었다. 이에 이승만은 'UN군사령부로부터 한국군 철수'와 '한국군의 단독 북진'을 공언하면서 미국으로부터 안전장치를 얻어내려고 했다.

　1953년 6월 6일, 아이젠하워 대통령이 "만약 이승만 대통령이 정전협정을 받아들인다면, 공식적인 안보조약을 보장하겠다."고 말했다. 그러면서도 여전히 정전협정 전에 한미동맹을 체결한다는 안전보장은 약속하지 않았다.

　미국이 미온적인 태도를 보이자, 이승만은 한국군 단독으로 북진을 하겠다는 자신의 말이 빈말이 아니란 것을 보여줄 필요가 있었다. 휴전회담에 충격을 가해서 사후보장을 획득하는 방법. 그것이 바로 반공포로의 석방이었다.

이승만이 반공포로를 석방했다는 뉴스를 듣고 아침에 면도를 하던 영국의 처칠(Winston Churchill) 수상이 놀란 나머지 얼굴을 베었다. 덜레스(John F. Dulles) 미 국무장관은 곤히 자고 있던 아이젠하워 대통령을 흔들어 깨웠다. 세계가 경악을 한 사건이었던 것이다.

덜레스 미 국무장관은 반공포로 석방이 '미국의 등에 칼을 꽂는 배신행위'라는 성명을 발표했다. 공산군 측은 한국 정부도 통제하지 못하는 미국 정부를 불신했다. 반공포로 석방으로 아이젠하워와 워싱턴은 이승만을 달래지 않으면 정전협정 체결이 불가능하다는 것을 절감했다.

반공포로 석방으로 인해 휴전회담이 중지될 것을 우려한 아이젠하워는 이승만 대통령을 달래기 위해 급히 로버트슨(Walter S. Robertson) 국무부 차관보와 콜린스(J. Lawton Collins) 육군참모총장을 한국에 파견했다.

1953년 6월 25일, 대한민국에 도착하자마자 이승만 대통령을 찾아간 로버트슨은 이승만 대통령에게 협상카드를 내밀었다. 하지만 이승만 대통령은 대한민국의 안전을 보장하기 위해 미국 측이 봤을 때는 무리한 조건들을 계속 제시했다.

이때부터 한미 간에 긴박한 외교전이 전개됐다. 로버트슨이 이승만 대통령의 요구를 워싱턴에 전문으로 보내고, 워싱턴으로부터 도달한 지령을 가지고 다시 이승만 대통령과 협상에 임하는 치열한 외교전이었다.

이승만이 반공포로를 석방하던 1953년 6월 18일, 손원일은 영국 런던 근교의 플리머스(Plymouth)있었다. 영국 해군을 시찰하기 위해서였다. 1953년 5월, 영국이 대한민국 정부에게 엘리자베스 2세(Elizabeth Ⅱ) 여왕의 대관식에 축하사절단을 보내달라고 요청했다. 이에 우리 정부는 백두진(白斗鎭) 국무총리와 신익희(申翼熙) 국회의장을 축하사절단으로 파견했다. 손원일도 영국 해군의 초청으로 사절단에 포함됐다.

6월 2일, 27세의 젊은 여왕 엘리자베스 2세의 대관식이 거행됐다. 대관식이 끝난 후에도 처칠 수상이 주관하는 만찬 등의 후속행사가 계속됐다. 후속행사들이 끝나갈 무렵, 손원일은 이왕 영국에 온 김에 영국 해군을 시찰하기로 마음먹었다. 그런데 본국에서 반공포로 석방이라는 큰 사건이 벌어진 것이다.

반공포로 석방 소식에 경악을 금치 못하고 있던 손원일에게 이승만 대통령의 전보가 날아들었다. '모든 일정을 취소하고 즉시 귀국하라.'는 내용이었다. 서둘러 귀국한 손원일이 즉시 부산의 임시경무대로 달려갔다. 손원일이 집무실에 들어서자, 이승만 대통령이 반갑게 맞았다.

"에드미럴 손, 이번에는 거절하지 말았으면 해. 국방부장관직을 맡아줘야겠어."

이승만은 1952년 3월에도 손원일에게 국방부장관으로 입각할 것을 제의한 적이 있었다. 그때 손원일은 "각하, 지금은 전쟁 중입니다. 군인은 전쟁 중에 싸움에만 열중해야 합니다. 국방부장관직은 행정을 하는 자리이니 다른 사람에게 맡기시고, 저는 전쟁이 끝나는 날까지 싸울 수 있도록 해주십시오."라며 거절했다고 한다.

손원일은 이번에도 "이제 막 해군이 제자리를 찾아가는 시점이라 해야 할 일이 더 많아졌기 때문에 해군에서 계속 일하고 싶습니다."라며 완곡하게 거절의 뜻을 밝혔다.

하지만 이승만은 "국방부장관이 된 후에도 얼마든지 해군 발전에 기여할 수 있으니 걱정하지 말라."며 뜻을 굽히지 않았다. 손원일은 생각할 시간이 필요하니 3일 간의 말미를 달라며 경무대를 나왔다.

손원일은 실로 난감했다. 생각 같아서는 해군에 더 남고 싶었지만, 대통령의 제의를 두 번이나 거절할 수는 없는 노릇이었다. 고심을 거듭하던 손원일은 결국 대통령의 뜻을 받아들이기로 결정했다.

당시 이승만 대통령은 정전협정이 기정사실(既定事實)이라는 것을 잘 알고 있었다. 그러면서도 반공포로석방이라는 초강수를 둔 이유는 인도주의적인 이유도 있었지만, 결국은 한미상호방위조약을 체결하기 위해서였다.

워싱턴을 상대로 협상을 진행하고 있는 시점에서, 이승만에게는 누구보다도 군을 잘 알고 협상력이 뛰어난 동시에 국제적 감각까지 갖춘 인물이 필요했다. 손원일은 청년시절 대양을 누빈 국제항해사였고, 상해에서 무역업에 종사한 협상가였으며, 적수공권으로 해군을 창설한 인물이었다. 한미상호방위조약을 성공적으로 이끌어낼 적임자로서 손원일만한 사람이 없었다. 이승만 대통령이 손원일을 국방부장관에 임명한 것은 '신(神)의 한 수'였던 것이다.

국방부장관 취임과 한미상호방위조약

후암동 국방부 청사(지금은 브라운스톤 아파트가 들어서 있다.) 옥상에서 거행된 국방부 장관 취임식

1953년 6월 30일, 손원일이 44세의 젊은 나이에 제5대 국방부장관에 취임했다. 손원일의 첫 임무는 한미상호방위조약을 우리 측에게 유

리하게 체결하는 일이었다. 손원일은 이승만 대통령의 뜻을 받들어 협상에 최선을 다했다. 연일 치열한 협상전이 벌어졌다. 결국, 정전협정 체결이 급했던 워싱턴이 손을 들고 말았다. 우리 측의 요구를 전격 수용한 것이다.

1953년 7월 12일, 한미 양국은 다음과 같은 5개항에 합의했다.
 1) 휴전 후 한미상호방위조약을 체결한다.
 2) 미국은 한국에 장기적인 경제 원조를 실시하며, 그의 일환으로 우선 2억 달러를 제공한다.
 3) 미국과 한국은 휴전 후 개최하게 되어 있는 정치회담이 90일이 경과해도 하등의 실질적인 성과가 없으면 이를 거부한다.
 4) 한국군의 증강을 계획대로 진행시킨다.(20개 사단/ 해공군력 증강)
 5) UN 측과 공산 측간에 정치회담이 열리기 전에 공동 목적에 관한 한미 간의 회의를 개최한다.

아이젠하워 미국 대통령과 국가 생존을 위한 대결투를 벌인 이승만 대통령이 결국 한미상호방위조약을 이끌어 내어 한미동맹이라는 든든한 '안보의 울타리'를 후손들에게 선물한 것이다.

1953년 7월 27일 오전 10시, 3년 동안 계속된 6·25전쟁이 판문점에서 마무리되었다. 정전협정이 조인된 것이다. UN군 수석대표 해리슨(William K. Harrison, Jr.) 중장과 공산군 측 대표 남일(南日)이 3통의 정전협정서와 부속 협정서에 각각 서명하는데 걸린 시간은 단 10분이었다.

정전협정 조인

  이어 클라크 UN군사령관, 북한군 총사령관 김일성, 그리고 중공군 총사령관 팽덕회(彭德懷)가 각각 그들의 집무실에서 협정서에 서명을 했다. 그리고 밤 10시가 되자 모든 전선에서 포성이 멎었다.

  1953년 8월 8일, 경무대에서 한미상호방위조약 가조인식이 열렸다. 이승만 대통령과 손원일 국방부장관이 지켜보는 가운데 변영태(卞榮泰) 외무부 장관과 덜레스 미 국무장관이 양국을 대표하여 한미상호방위조약에 서명을 했다. 그리고 그해 10월 1일, 워싱턴에서 한미상호방위조약이 정식으로 조인됐다.

한미상호방위조약 가조인에 서명하는 변영태 외무부장관과 덜레스 미 국무장관. 뒷줄 왼쪽으로부터 ①손원일 국방부장관 ②백두진 국무총리 ③이승만 대통령.

"한미상호방위조약의 핵심은 첫 번째는 외부로부터 무력 침공 또는 무력 위협을 받았을 때 우선 한국과 미국이 협의한다. 그게 첫 번째입니다. 그리고 거기에 대해서 공동으로 대응한다. 이런 정신을 담고 있습니다. 그다음에 그것을 구체적으로 실현하기 위해서 한국은 미군이 주둔할 기지를 허여하고, 미군은 그것을 받아들여서 미군 부대를 그곳에 갖다 놓는다, 주둔시킨다 하는, 전방 배치를 하겠다는 내용이 포함되어 있습니다. 그러니까 여느 동맹조약, 방위조약 수준보다도 훨씬 더 강력하게 군사적으로 이 동맹 조약을 보장하겠다는 내용이 포함되어 있지요."[31]

---

31) 제10대 한미연합군사령부 부사령관 김재창 예비역 대장 인터뷰, 2010년 2월 11일, 한미안보연구회 사무실

한미상호방위조약은 북한의 재침을 억제하고, 어떤 침략세력이 한국을 공격해오면 한국과 미국이 공동으로 대처하여 한국의 평화와 안전에 기여하기 위한 제도적 장치이다. 이 조약은 한국의 안보뿐만 아니라 동북아의 안정과도 직결된 안정장치였다. 한미상호방위조약은 태평양의 안보를 위해 주한미군을 주둔시킬 수 있는 법적인 근거를 마련했다.

한미상호방위조약 제4조에 '상호적 합의에 의하여 미합중국의 육군, 해군과 공군을 대한민국의 영토 내와 그 부근에 배비하는 권리를 대한민국은 이를 허여(許與)하고, 미합중국은 이를 수락한다.'고 명시함으로써 주한미군 주둔의 근거를 제공한 것이다. 이승만 대통령은 미군을 한국 땅에 주저앉힘으로써 국가안보를 공고히 했던 것이다.

또한 한미상호방위조약은 국방부, 합참, 육해공군 본부 등 한미 군사당국 간 또는 실무부서 간에 전시비축물자, 미군장비 설치, 군사판매 및 기술지원, 작전과 정보협력, 시설의 공동건설 및 운영 등에 대한 실무협정을 체결하는데 근거를 만들어줌으로써 한미연합방위능력 제고에 기여하고 있다.

한미상호방위조약 제2조에서는 '……. 당사국은 단독적으로나 공동으로나 자조와 상호원조에 의하여 무력공격을 방지하기 위한 적절한 수단을 지속하여 강화시킬 것이며, 본 조약을 실행하고 그 목적을 추진할 적절한 조치를 협의와 합의하에 취할 것이다.'라고 명시하고 있는데, 한국군은 이 조항을 근거로 미국으로부터 막대한 군사장비와 경제 원조를 받아낼 수 있었다.

국군 재정비

비록 전쟁은 끝났지만, 국군에게는 해결해야 할 일이 산적했다. 20개 사단으로 늘어난 육군을 효과적으로 재정비해야 했고, 육해공군의 무기와 장비를 현대화해야 했다. 뿐만 아니라 전후복구사업에도 군의 힘이 필요했다.

손원일 장관은 우선 국군을 재정비하기 시작했다. 1953년 12월, 육군 제1야전군사령부를 창설하는 한편, 1954년에는 육군 제2군사령부와 육군교육총본부를 창설하여 군을 작전과 군수, 교육의 3개 기능으로 나누어 보다 효율적인 지휘체계를 확립한 것이다.

"우리 군은 전쟁이 끝나자 전열을 재정비하면서 군을 작전, 군수, 교육훈련의 3개 기능으로 크게 나누어서 군 발전을 도모하게 됩니다. 그 과정에서 작전을 담당할 제1야전군사령부를 창설하고, 또 후방작전 및 군수를 담당할 2군사령부를 창설하고, 교육총본부라는 것을 만들어서 교육을 총괄하게 하는 지휘체계를 갖추게 됩니다. 특히 전쟁이 끝난 시점에서 우리 안보에 가장 중요한 한미상호방위조약을 미국으로부터 휴전을 담보로 얻어냄으로써 주한 미군이 우리 한국에 주둔하게 되는 법적인 근거를 마련하게 되고, 그 주한 미군이 우리 한반도에 주둔하게 됨으로써 대북억지, 전쟁 억지력을 갖추게 됩니다."32)

제1야전군사령부 창설식에서 연설하는 백선엽 초대사령관. 그 오른쪽이 손원일 장관이다.

1953년 12월 15일, 강원도 인제군 관대리에서 육군 제1야전군사령부가 창설됐다. 6·25전쟁이 끝나자 미군은 철수를 서두르고 있었다. 국군은 미군이 나가고 난 후의 공백을 메워야 했다. 6·25전쟁 동안에

---
32) 국방부 군사편찬연구소 책임연구원 남정옥 박사 인터뷰, 2010년 2월 20일, 국방부 군사편찬연구소

는 미 8군이 지상군사령부 역할을 했는데, 그 미 8군사령부를 대신할 수 있는 한국의 부대로서 만든 것이 바로 제1야전군사령부였다. 한국 최초의 야전군인 제1야전군사령부의 초대사령관에는 백선엽 대장이 임명됐다.

창설 후 3개월이 지난 1954년 3월 21일, 제1야전군사령부는 미 제10군단의 작전지휘를 받던 국군 제1·2·3군단의 지휘권을 이양 받아 휴전선 방어를 담당하게 된다. 그리고 1954년 7월 15일에 원주로 이전, 지금까지 동부전선을 책임지는 막중한 역할을 수행하고 있다.

1954년 7월 6일, 육군교육총본부(육군 교육사령부의 전신)가 출범했다. 기존의 육군교육총감부가 육군교육총본부로 개편된 것이다. 육군교육총감부는 밴 플리트 미 8군사령관의 건의를 받아들여 1951년 8월 1일, 한국군 장교의 교육을 강화하기 위해 창설했던 기관이었다.

전쟁이 끝나자, 육군의 군사교육기관들을 통합·지휘하는 기관으로 확대하여 육군교육총본부를 출범시킨 것이다. 지금의 교육사령부라고 하겠다. 육군교육총본부의 출범으로 군은 보다 효율적인 교육체계를 갖추게 되었다.

1954년 10월 31일, 서울 동대문운동장에서 육군 제2군사령부의 창설식이 거행됐다. 대구에 터를 잡게 되는 육군 제2군사령부는 예비전력 확보와 군수 및 행정 지원, 그리고 후방지역 경비 등을 담당하는 후방사령부 역할을 맡게 된다.

유재흥 육군교육총본부장에게 군기를 수여하는 이승만 대통령

6·25전쟁 당시 미 8군사령부의 임무는 오직 전방에서의 전투임무에 국한됐다. 즉 전선임무만 맡고 있었던 것이다. 전선에 대한 병참보급과 후방의 경계 임무는 KCOMZ(Korea Communication Zone)라는 미 병참관구사령부가 맡고 있었다.

미군이 철수하면서, 당연히 미 병참관구사령부의 임무와 기능을 대신할 한국군사령부의 필요성도 대두됐다. 그것이 육군 제2군사령부였다. 육군 제2군사령부는 1955년에 5개 관구사령부를 창설하는 한편, 예비전력 확보책으로 10개의 예비사단을 창설한다. 육군 제2군사령부는 2007년 11월 1일, 육군 제2작전사령부로 개편된다.

이렇게 손원일은 최전방을 시작으로 교육기관, 후방의 행정과 예비전력 확보 순으로 육군의 체계를 효율적으로 재정비해나갔다.

육군 제2군 창설식

제네바회담

1954년 4월 26일부터 6월 15일까지 UN참전국을 비롯한 19개국의 외상(外相)들이 스위스 제네바에 모여 한반도의 평화적인 통일방안을 모색하기 위한 국제정치회담을 열었다. 이 회담의 시발점은 정전협정 제4조 60항이었다.

1953년 7월 27일에 체결된 정전협정은 군사적으로 전쟁을 종결시켰을 뿐, 한반도 문제의 정치적인 해결을 의미하는 것은 아니었다. 그런 이유로 휴전협정 제4조 60항은 정전협정이 체결된 이후 3개월 안에 '한반도로부터의 외국군 철수와 한반도문제의 평화적 해결 등을 토의할 고위정치회담'을 열도록 건의하기로 되어 있었다.

이에 따라 1953년 8월 28일, UN총회는 한반도에 통일 민주정부를 세우는 것이 UN의 목표임을 재확인하면서 정전협정을 승인하는 한편, 정전협정 제4조 60항에 명시된 고위정치회담을 촉구하는 결의안을 가결했다. 이 결의안은 한국, 북한, 중공, UN군 16개 참전국, 그리고 소련의 참가를 권유했다.

1954년 2월 18일, 미국·영국·프랑스·소련 등 4개국 외상들이 베를린에서 한반도 문제에 대한 회의를 그 해 4월 26일에 제네바에서 열기로 합의했다.

하지만 이승만 대통령은 "공산주의자들과의 회담은 사실상 무의미하다."며 회담이 열리는 것 자체를 반대했다. 이에 미국은 이승만에게 회담 참석을 강력하게 요구했다. 미국은 물론 북한도 대표를 보내기로 했는데, 전쟁 당사국인 한국이 대표를 보내지 않으면 미국의 입장이 몹시 난처해진다는 것이었다. 그렇지만 이승만은 요지부동이었다.

제네바회담을 열흘 앞둔 1954년 4월 16일, 손원일이 이승만에게 단독 면담을 요청했다. 손원일은 거두절미하고 "제네바회담에 우리 대표를 보내야 한다."고 충언했다. 이승만이 고개를 돌려 다른 곳을 바라보았다. 얘기를 듣기 싫을 때 이승만이 반응하는 습관이었다.

사실 이승만 대통령의 생각이 옳았다. 전쟁으로 해결하지 못한 한반도의 통일 문제를 정치적으로 해결한다는 것은 사실상 불가능한 일이었다. 게다가 공산주의자들과의 회담은 '소귀에 경 읽기' 격으로 그야말로 시간낭비일 뿐이었다. 회담은 결국 아무런 소득 없이 결렬될 것이 뻔했다. 그것은 이승만은 물론 손원일도 잘 알고 있는 사실이었다.

그렇다하더라도 회담에는 참석해야 한다는 것이 손원일의 주장이었다. 회담에 참석하지 않을 경우, 공산 측이 회담 결렬의 모든 책임을 우리에게 뒤집어씌울 것이 명약관화했기 때문이었다. 손원일은 계속해서 이승만 대통령을 설득했다. 회담 참석 문제를 미국의 군사원조 문제와 연계하자는 것이었다.

한미상호방위조약 중 미국이 한국에게 군사원조를 한다는 조항은 '……. 당사국은 단독적으로나 공동으로나 자조와 상호원조에 의하여 무력공격을 방지하기 위한 적절한 수단을 지속하여 강화시킬 것이며……'라는 내용의 제2조였다. 하지만 '상호원조'라고 명시되어있을 뿐, 구체적인 합의가 없는 상태였다. 이번 기회에 구체적인 군사원조를 약속받자는 것이었다.

"우리가 회담에 불참할 수는 없는 입장이고 미국도 우리의 참석을 강력히 권유하고 있습니다. 그러니까 회담에 참가하는 조건으로 미국 측에 군사원조를 요구한다면 명분과 실리를 모두 얻는 방법이 될 것입니다."

손원일의 제안에 이 대통령도 관심을 보였다.

"그것이 가능할 것 같은가?"

"각하께서 아이젠하워 대통령에게 직접 서신을 보내신다면 충분히 가능하리라 봅니다."

대통령은 입을 굳게 다문 채 아무 말이 없었다. 손원일이 자리를 뜨기 위해 인사를 해도 아무런 대꾸도 하지 않았다.

그로부터 나흘째 되던 날, 이승만은 손원일을 급히 불렀다. 손원일이 경무대로 달려가 보니 이승만은 미국 대통령으로부터 받은 편지 한 통을 내보이며 기쁨을 감추지 못했다.

"에드미럴 손, 이것 좀 봐."

"아이젠하워 대통령의 편지 아닙니까."

"그래, 아이크가 이제야 내 말을 알아들었나 보구먼."

편지에는 육군의 20개 사단 현대화와 10개 예비사단을 설치하며, 호위구축함(DE)을 포함해 29척의 함정을 해군에 인도하고, 공군에 1개 제트비행단을 창설한다는 내용이 적혀 있었다. 회담 참가 조건으로 미국 측이 이 대통령에게 약속한 군사원조의 규모였다.[33]

1954년 4월 26일, 제네바회담이 시작됐다. 이 회담에는 변영태 외무부장관을 대표로 하는 대한민국을 포함하여 UN 참전국들 가운데 남아프리카연방공화국을 뺀 15개국, 그리고 북한·중공·소련 등 모두 19개국의 대표들이 참석했다.

6월 15일까지 50여 일 동안 계속된 이 회담에서는 한반도 통일을 위한 선거, 선거에 대한 국제 감독, 한반도에 주둔한 외국군들의 철수 등이 논의됐다. 예상되었던 수순대로 UN 측과 공산 측은 서로 상반된 주장을 내세웠고, 결국 회의는 아무런 소득 없이 결렬되고 말았다.

---

33) 한국해양전략연구소, 「해군창설의 주역 손원일 제독(하)」, PP.555-556.

이승만과 아이젠하워의 충돌

　1954년 7월 25일, 이승만 대통령과 프란체스카 여사가 미국을 향해 출발했다. 당시 이승만 대통령의 미국 방문은 그 어느 때보다 중요한 의미를 가지는 여정이었다. 한미상호방위조약의 발효(1954년 11월 17일)를 앞두고, 아이젠하워 미 대통령과 '한미합의의사록'의 체결을 협의하는 방문이었기 때문이다.

　공식 수행원 27명 중에는 손원일과 정일권, 김정렬 3형제도 포함되어 있었다. 정일권은 1954년 2월에 대장 진급과 함께 다시 육군총참모장(제8대)으로 복귀하였으며, 김정렬은 1954년 5월부터 국방부장관 특별보좌관으로 손원일을 보좌하고 있었다.

　김정렬은 1954년 12월, 공군총참모장(제3대)으로 복귀하게 된다. 6·25전쟁 당시 의형제를 맺은 이 세 사람은 다시 국방부장관과 육군·공군 총참모장으로 만나 함께 국군현대화에 매진하게 된다.

　국빈자격으로 미국을 방문한 이승만 대통령은 방문 기간(1954. 7. 26.~8.13.) 동안 미국시민들로부터 열렬한 환영을 받았다. 뉴욕에서는 카

퍼레이드를 벌였으며, 미 의회의 초청으로 기념연설을 하였고, 모교인 조지워싱턴 대학에서 명예박사학위를 받는 등 극진한 대접을 받았다.

뉴욕에서 카퍼레이드를 하는 이승만 대통령

7월 27일 오전 10시, 백악관에서 제1차 한미정상회담이 열렸다. 한국 측에서는 손원일 국방장관, 정일권 육군총참모장, 백두진 전(前) 국무총리 등이, 미국 측에서는 덜레스 국무장관, 찰스 윌슨 국방장관, 브릭스 주한미국대사 등이 배석했다.

미국을 국빈 방문한 이승만 대통령을 환영하는 아이젠하워 대통령

주요의제는 한국에 대한 군사원조와 경제원조, 그리고 한일국교정상화 등이었다. 군사원조와 경제원조 문제는 순조롭게 진행되었지만, 한국과 일본 간의 국교정상화 문제는 난항(難航)을 거듭했다.

6·25전쟁 후, 아이젠하워와 미 정부는 소련·중공·북한의 공산주의 세력에 대항하기 위해 한미일 삼각동맹을 추진했다. 1951년 9월 8일에 이미 일본과 미일안보조약을 체결한 미국은 6·25전쟁 중에도 그랬지

만, 한미상호방위조약을 체결한 후에는 더욱 집요하게 일본과의 화해를 이승만 대통령에게 권유했다. 동북아에서 공산주의 세력에 대항하기 위해서는 동맹국인 한미일이 힘을 합쳐야 한다는 것이었다.

하지만 평생 동안 항일투쟁에 몸을 바친 이승만에게 일본과의 국교 정상화는 어림도 없는 일이었다. 미국 측이 한일 간의 국교수립을 원한다는 발언을 하자 이승만은 질색했다. 이 때문에 회담이 중단됐다.

제2차 회담은 7월 30일 오전 10시로 예정되어 있었다. 정상회담 1시간 전인 7월 30일 오전 9시경, 미국 측에서 한미공동성명서 초안을 보내왔다. 그런데 그 초안에 '동양의 평화를 위해서 한국과 일본이 손잡고 협력할 필요가 있다.'는 조항이 들어있었다.

정상회담 1시간 전에 '일본과의 협력' 조항이 갑자기 추가된 한미공동성명서 초안을 받아본 이승만 대통령은 진노(震怒)했다. 불같이 화가 난 이승만 대통령은 회담장에 나가지 않겠다고 했다. 회담장에 아예 참석하지 않는다는 것은 외교관례상 있을 수 없는 일이었다.

손원일을 비롯한 수행원들은 "한미공동성명서 초안은 제안에 불과하니 회담을 하면서 수정하면 된다."며 일단 회담장으로 나가자고 애원했다. 수행원들의 간곡한 만류로 마지못해 이승만이 회담장에 나간 시각은 예정된 시각보다 15분이나 늦은 10시 15분이었다.

세계 최빈국의 대통령을 15분이나 기다려야 했던 초강대국 미국의 대통령과 각료들은 몹시 황당해했다. 회담이 열리자 이승만과 아이젠

이승만 대통령과 대한민국 대표단. 왼쪽으로부터 ②정일권, ③손원일

하워의 신경전이 시작되었다. 두 사람은 회담 내내 충돌했다. 분위기가 갈수록 심각해졌다.

끝내 돌발 상황이 발생했다. 이승만 대통령이 돌연 "기자회견이 있는 것을 잊었다."라며 회담장을 박차고 나가버린 것이다. 아이젠하워와 막료들은 멍한 표정으로 서로를 바라보았다. 회담장에는 침묵만이 흐를 뿐이었다. 돌연 분노한 아이젠하워가 벌떡 일어났다. 얼마나 화가 났는지 의자가 뒤로 내동댕이쳐져 '꽝' 하는 소리가 날 정도였다.

덜레스 국무장관을 비롯한 미국 측 수행원들도 일어나 아이젠하워의 뒤를 따랐다. 이때 이 대통령을 수행했던 양유찬 주미대사와 손원일 국방장관, 정일권 육군총참모장, 김정렬 장군 등은 미국 측 수행원들을 만류하여 사태를 수습하느라고 몹시 애를 먹었다고 한다. 딜레스를 제지한 사람은 그와 절친한 사이였던 양유찬 주미대사였다. 다음은 김정렬의 회고다.

"대통령은 대통령끼리 할 일이 있고, 우리는 우리끼리 할 일이 있지 않소? 지금 한국과 미국 사이에는 해야 될 이야기가 수없이 많을 것이오. 우리끼리라도 이야기를 합시다."
이에 딜레스도 고개를 끄덕이며 수긍이 간다는 표정을 지었다.
"당신 말이 옳소. 그러면 오후 2시에 경제, 국방팀으로 나눠 회의를 속개하도록 합시다." 하고 말하였다.
그 후 한미 실무진 간의 회의는 계속 진행되었다. 나는 국방팀에 소속되어 42일간 워싱턴에 머물면서 1954년 한미합의의사록을 작성하는데 참여하였다. 1954년 한미합의의사록은 환율문제로 조인이 지체되다가, 1954년 11월 17일 서울에서 변영태 외무장관과 미국 대표 브릭스 대사 사이에서 정식 조인되었다.
모든 일이 이처럼 잘 수습되기는 하였으나, 이 사건의 발생이 그 당시 너무나 충격적이었기 때문에 지금도 그 일을 회상하면 아찔한 느낌을 금할 수 없다. 그날 두 대통령은 공식 방문 일정을 마감하면서 작별인사도 없이 헤어졌다. 또한 원래 그날 나가기로 했던 공동성명도 아무런 실질적인 합의 내용도 없이 형식적인 것으로 대체되고 말았다. 반일(反日)과 반공(反共)에 관한 한 이승만 대통령

의 고집을 꺾을 수 없었던 것이다.[34]

1954년 8월 13일, 이승만 대통령이 귀국했다. 백두진, 손원일, 정일권, 김정렬 등 실무자들은 미국에 남아 두 달여에 걸쳐 협상을 계속했다. 민간경제원조 부문은 백두진, 군사원조 부문은 손원일이 총지휘했다. 군사원조 부문 중 육군은 정일권, 공군은 김정렬, 그리고 해군과 육해공 3군 통괄 문제를 손원일이 맡았다.

협상 결과, 2억8천만 달러의 민간원조와 4억2천만 달러의 군사원조를 합해 총 7억 달러의 원조를 얻는데 성공했다. 또한 호위구축함(DE)을 포함한 29척의 함정을 인수하고, 공군에 제트비행단을 창설하는데 합의했다.

합의한 사항 외에, 정일권이 조병창 건설자금으로 5백만 달러를 별도로 얻어냈고, 김정렬이 C-46 수송기 10여 대를 추가로 인수하는데 성공했다.

1954년 11월 17일, 마침내 한미 양국이 '한미합의의사록'에 합의했다. '한미합의의사록'은 한미상호방위조약을 실행하기 위한 구체적인 방안을 담은 문서로서 공식 명칭은 '한국에 대한 군사 및 경제원조에 관한 대한민국과 미합중국 간의 합의의사록(Agreed Minutes relating to continued cooperation in economic and military matters)'이다.

한미합의의사록은 한국군의 최종적 규모와 한국에 대한 미국의 군

---

34) 김정렬, 「항공의 경종」, P.153.

사원조 등을 규정하고 있는데, 미국정부는 한국에 육군 661,000명, 해군 15,000명, 해병대 27,500명, 공군 16,500명해서 모두 72만 명에 이르는 군대를 육성할 수 있도록 군사원조를 제공하기로 합의했다.

그 결과 1960년대까지 미국이 한국에 제공한 군사원조는 매년 3억 달러에 이르렀다. 이 규모는 대한민국이 사용한 국방비의 87%에 해당하는 규모였다. 또한 1957년 7월 1일, 일본에 있던 UN군사령부를 서울로 이전해와 대한민국 안보를 더욱 공고히 했다. 대한민국은 한미상호방위조약과 한미합의의사록을 근거로 하여 국군전력 증강과 현대화를 추진할 수 있게 되었다.

국군현대화 추진

한국군의 병력을 72만 명으로 상향하고, 병력증강을 미국이 지원한다는 한미합의의사록의 합의에 의해 1955년, 후방의 예비전력을 강화하기 위하여 10개의 예비사단이 창설되었다.

1955년 2월 22일, 중부전선 육군 제6군단사령부 연병장에서 육군 제30사단과 제31사단의 2개 예비사단이 창설되었으며, 3월 20일에는 육군 제32사단과 제33사단이 창설되었다.

제37사단·제38사단 창설식

1955년 내내 전국 곳곳에서 이런 예비사단들이 계속 창설되었다. 5월 5일, 중동부전선 제3군단에서 제35, 36 예비사단이 창설되었고, 5월 20일에는 중부전선 제2군단사령부 연병장에서 제37, 38 예비사단이 창설되었다. 그리고 6월 18일에는 제39사단과 제50사단이 창설되었다. 북과 대치하고 있는 최전방 못지않게 후방 전선도 강화함으로써 군은 전 방위 군사체계를 확립해 나갔다.

또한 그해 1월 15일, 해병 제1사단도 창설된다. 6·25전쟁 중이던 1952년 10월 1일에 창설된 해병 제1전투단이 1954년 2월 1일에 해병 제1여단으로 승격되었다가, 다시 해병 제1사단으로 증편된 것이다.

한편, 손원일은 1955년 5월과 9월 두 차례에 걸쳐 군사원조사절단을 이끌고 미국을 방문했다. 한미합의의사록에서 합의한 군사원조의 내용을 보다 구체적으로 협의하기 위해서였다. 그리고 그 결실들이 나타나기 시작했다.

1955년 6월 20일, F-86F 세이버 제트기 5대가 수원 공군 제10전투비행단에 배치되었다. 휴전 당시 대한민국 공군은 3개 비행대대로 편성된 1개 전투비행단(제10전투비행단), 그리고 F-51 무스탕 전투기 97대를 포함하여 불과 110여 대의 항공기를 보유하고 있었다.

이 때문에 공군은 휴전 이후 공군력 증강방안을 강구했다. 항공기의 제트화, 수송능력의 확보, 공군 요원의 양성, 방공관제와 항공관제 업무수행 능력의 구비 등 해결해야 될 문제가 한두 가지가 아니었다.

F-86 세이버 제트전투기 인수식

　그 중에서도 특히 제트기의 도입이 시급했다. 그랬던 대한민국 공군이 마침내 대망의 제트전투기 시대를 열게 된 것이다. 이후 공군은 계속해서 F-86F 세이버 제트기들을 인수하여 제트비행단을 만든다.

　1956년 3월 5일 육군조병창을 설치하기 위한 한미기술협정이 체결되었다. 국방부장관실에서 손원일 국방부장관과 미 8군의 조지 밀러가 기술협정서를 교환하고 설계도에 서명을 한 것이다. 동양 최대 규모인 육군조병창 설치가 합의됨으로써, 국군은 각종 화기와 탄약을 자급자족할 수 있는 기반을 마련하게 된다.

육군조병창 설치 한미기술협정 체결

    육군조병창은 오늘날의 국방과학연구소(ADD)라고 할 수 있는 기관이었다. 1950년대 국방과학의 산실이었던 것이다. 육군조병창은 1948년에 육군 병기공창으로 출발하여 6·25전쟁을 거치면서 탄약과 수류탄, 그리고 각종 소총의 부품 등을 생산하면서 그 기능이 크게 확대되었다.

    한미기술협정이 체결된 이후부터는 정비 업무까지 담당하면서 한국군 군사력의 기초를 마련했다. 1950년대 국군의 연구 개발과 무기 생산의 기본을 마련한 국방과학의 산실이었던 것이다.

    1956년 6월 23일, 미국에서 도입된 호위구축함의 명명식이 거행됐다. 한국 해군이 처음으로 보유하게 된 두 척의 호위구축함엔 각각 경기 DE-71함, 강원 DE-72함이라는 이름이 붙여졌다. 구축함은 대함 및 대잠수함 공격을 주 임무로 하는 중대형 전투함으로 한국 해군은 경기함과 강원함이 도입됨으로써, 비로소 진정한 의미의 전투함을 보유하게 된 것이다.

71(경기)함과 72(강원)함

"71함, 72함 인수에 대해서 특별히 제가 강조하고 싶은 얘기는 6·25전쟁 때 PF(호위함)를 인수받았지만 우리가 제대로 훈련받은 게 없어요, 교육훈련을. 그러니까 6·25전쟁 때 일본 사세보에서 또는 요코스카에서 PF를 인수하게 되면 바로 전쟁에 투입하곤 했

단 말이에요. 그런데 71, 72함을 인수할 때는 완전히 미 해군에서 훈련을 시켰어요. 미국 보스턴에서 퍼스널 트레이닝(개인별 훈련)을 받았죠. 기관 장교, 기관 하사관들은 기관학교, 포술부는 포술학교, CIC(정보부대)는 전투정보학교, 보수부는 보수학교에서 4주 내지 6개월 동안 교육받았어요. 미 해군 시스템에 의해서 완전한 교육들을 받았습니다. 배를 인수해서 버지니아 주 노포크(Norfolk, 미 제2함대)로 간 것으로 알고 있는데, 노포크에 가서는 팀 트레이닝(팀 훈련)을 받았어요. 퍼스널 트레이닝(개인별 훈련)은 보스턴에서 다 받았으니까, 이제 기관부다 작전부다 해서 한 팀이 되어서 훈련하고, 배에서 타이프 트레이닝(부서별 훈련) 하는데 그것이 아마 한 3개월 내지 4개월 가까이 한 것으로 알고 있습니다. 한국 해군에 대한 종합적인 평가 점수가 아주 좋게 나왔어요. 그 평가 점수가 DD(구축함) 인수 받는데 많이 반영된 것입니다. 한국 해군은 부지런하고 열심히 하고 능력이 대단하다. 그것이 DD(구축함) 인수 받는데 아주 절대적인 공을 했습니다."[35]

---

35) 제7대 해군참모총장 함명수 예비역 해군 중장 인터뷰, 2015년 12월 30일, 명동소육(明洞燒肉) 음식점

초대 서독 대사로 활약하다

1956년 5월 26일, 손원일이 국방부장관직을 사임했다. 해군 창설에 몸을 던진 지 11년, 국방부장관에 취임한지 3년만이었다. 한창 일할 나이인 47세 때였다. 하지만 손원일을 그대로 내버려둘 이승만이 아니었다.

장관직에서 물러난 후 1년이 지난 1957년 6월, 이승만이 손원일을 불렀다. 오랜 만에 경무대를 찾은 손원일에게 이승만 대통령이 외교관 직책을 맡겼다. 초대 주 서독공사(西獨公使)였다. 독일은 젊은 날 국제항해사로 일할 때 2년 동안 드나들었던 나라가 아니던가. 손원일은 이승만의 권유를 흔쾌히 받아들였다.

전후, 이승만 대통령은 미국 일변도의 외교에서 벗어나 점차 다원적인 외교망을 확보하기 위해 다각도로 노력을 했는데, 특히 서독은 당시 정치적 파트너로서 굉장히 중요한 위치를 점하고 있었다.

제2차 세계대전의 추축국(樞軸國, Axis Powers) 중 하나였던 독일이 연합군에게 항복한 날은 1945년 5월 8일이었다. 이후 독일은 소련·미국·

영국·프랑스의 4개국에게 분할 점령되었다. 소련의 점령지역 내에 들어간 수도 베를린도 4개국에 의해 분할되었다. 광복 이후 한반도가 38도선을 중심으로 소련과 미국의 분할통치를 받은 것처럼 독일도 그런 길을 걸었던 것이다.

이후 통일독일 정부수립을 위한 동서진영 4개국 간의 교섭이 실패하자 1949년, 미국·영국·프랑스는 자신들의 점령지역에 통화개혁을 단행하여 경제통합을 실시하였고, 그해 5월 23일에 독일연방공화국(서독)이 수립되었다. 소련 점령지역에서도 1949년 10월 7일, 공산정권인 독일민주공화국(동독)이 수립됐다. 이로써 독일은 서독(西獨)과 동독(東獨)으로 분단되었다

이후 서독과 동독은 1990년 10월 3일에 통일을 하게 되지만, 당시에는 우리와 마찬가지로 분단국가였다. 전후, 서독은 '라인강의 기적'이라 일컬어지는 눈부신 경제발전을 이루어 다시 유럽의 경제 강대국 반열에 올랐다.

이승만 대통령으로서는 같은 처지에서 경제발전을 이뤄낸 서독이야말로 가까이 하며 배워야할 롤 모델 국가였다. 그 때문에 독일어를 유창하게 구사하고, 독일의 문화를 잘 알고 있는 손원일을 서독으로 보낸 것으로 생각된다.

대한민국 정부는 1954년 10월, 독일에 총영사관을 설치했다. 그리고 1957년에 공사관으로, 1958년에 대사관으로 승격을 시켰는데, 그 임무를 손원일에게 맡긴 것이다. 1957년 6월 27일에 초대 주 서독공사

에 임명된 손원일은 그해 9월 20일, 서독의 수도 본(Bonn)에 공사관을 설치하고 본격적으로 업무를 시작했다. 1958년 8월 1일, 공사관이 대사관으로 승격되면서 손원일도 초대 주 서독대사(大使)로 승격되었다.

초대 주 서독대사 손원일

당시 손원일은 서독뿐만 아니라 네덜란드와 벨기에, 룩셈부르크, 오스트리아, 스위스 등 5개국의 대사직까지 겸임했다. 한국과 서독은 1955년 12월 1일에 정식으로 국교가 수립됐지만, 양국 간의 외교적 대화는 그다지 활발하지 않은 상황이었다.

손원일은 한국처럼 분단 상황에 처한 서독 정부와 공감대를 형성해가면서 대화 채널을 점진적으로 확대했다. 손원일은 호이스(Theodor Heuss) 대통령이나 아데나워(Konrad Adenauer) 수상을 만날 때마다, 공산국가들의 세력 팽창을 억제하기 위해서는 양국 간의 협력이 필수적이라고 역설하여 그들의 신뢰를 얻었다. 1959년에 새로 취임한 뤼브케(Heinrich Lübke) 대통령도 손원일에게 깊은 신뢰를 가졌다.

뤼브케 서독 대통령과

홍은혜도 남편을 거들었다. 1958년, 홍은혜는 한국을 알리기 위해 한국대사관에서 '한국의 밤' 행사를 개최했다. 홍은혜는 '한국의 밤' 행사에 혼신의 힘을 기울였다. 이 행사에 한국의 자존심이 달려있었기 때문이었다.

처음 서독 땅을 밟았을 때, 독일인들이 한국에 대해 좋지 않은 인상을 가지고 있다는 것을 알게 된 홍은혜는 매우 곤혹스러웠다. 당시 세계에서 가장 가난한 나라 중의 하나였던 한국에 대한 독일인의 인상은 매우 부정적이었다.

한국전쟁 직후라 독일 담벼락, 신문, 잡지마다 깡통을 든 코흘리개 한국 고아들의 사진으로 가득 차 있었다. 마치 지금 우리가 보는 아프리카 흑인 아이들의 배고프고 불쌍한 모습을 보는 것과 같았다. 아마 다른 나라 사람들은 우리나라를 배고픈 아이들이 넘쳐나는 고아의 나라 정도로 생각했을 것이다. 그래서였을까, 한국과 한국인에 대한 독일 사람들의 반감은 생각보다 심했다. 상점에 나가 대사관에 필요한 물건들을 주문하고 국적 난에 'Korea'라고 썼을 때, 상점 주인은 깜짝 놀라서 나를 쳐다보며 말하였다.
"한국인이었소? 나는 당신에게 물건을 팔지 않겠소."
상점 주인은 나를 일본인으로 알았던 모양이다. 독일인들은 '한국은 가난하고 문화가 없는 후진국이고, 한국 내에서 잘사는 사람은 모두 도둑놈'이라고 알고 있을 정도로 한국과 한국인에 대하여 아주 나쁜 인상을 가지고 있었다. 나는 분한 마음과 안타까운 마음이 목구멍까지 차올랐다. 외국에 나가보면 애국심을 가지게 된다고 하였던가. 그때 내 안에는 애국심이 부글부글 들끓었다.
'지금은 전쟁 직후라서 좀 가난하게 사는 것뿐이지, 우리나라는 당신들이 생각하는 것보다 훨씬 높은 수준의 문화를 가진 나라야.'
나는 혼잣말을 하면서 답답하고 슬픈 마음을 스스로 달랬다.[36]

1958년의 어느 날, 국제부인회 회장 요하네 헤세(Johanne Hesse)가 홍은혜를 찾아와 "한국을 소개하는 '한국의 밤' 행사를 열 수 있겠느냐?"고 의사를 타진했다. 홍은혜는 흔쾌히 허락했다. 독일인에게 한국의 진정한 모습과 문화를 알릴 수 있는 좋은 기회라고 생각한 것이다.

홍은혜는 한 달여 동안 잠을 설쳐가며 행사를 준비했다. 서독뿐만 아니라 프랑스 등지의 유학생들을 불러 모으고, 대사관 직원은 물론 셋째 아들 손창원까지 동원했다. 드디어 행사 날이 왔다. 독일 대통령 부인, 장관 부인, 외교관 부인 등 300여 명의 귀부인들이 참석했다. 공연은 한국 사람들의 일상을 소개하는 내용으로 구성되었다. 프로그램을 12개로 나누었고, 무대 배경은 한국의 대청마루를 그려 붙였다.

1부에서는 어른에게 세배하는 한국 고유의 설날 풍속과 유치원 아이들의 노래와 율동, 전통 결혼식 장면, 고구려·신라·백제 시대 여성들의 의상을 소개하는 패션쇼, 장구춤, 아리랑 합창 등을 공연하고, 2부에서는 한국 문화를 소개하는 영화를 상영했다. 공연은 1시간 동안

---

36) 홍은혜, 「은혜의 항해」, PP.148-149.

계속되었다. 관람객들의 반응은 예상했던 이상이었다. 끝없는 박수와 극찬이 쏟아졌다.

다음 날 독일 신문에서 이 공연을 상세하게 보도했으며, 홍은혜를 인터뷰한 기사도 세 번이나 게재됐다. 이로 인해 한국에 대한 독일인의 인식이 많이 바뀌었다고 한다.

손원일·홍은혜 부부와 대사관 직원들

홍은혜와의 인터뷰 기사를 게재한 독일 신문

    공연이 있은 후 서독 대통령 부인과 국회의장 부인 등 서독의 유명 인사 부인들이 앞을 다퉈 홍은혜와 친교를 맺었다. 홍은혜는 서독에 있는 내내 각종 행사를 통해 그들과 친하게 지냄으로써 손원일의 외교활동에 많은 내조를 했다.

    1958년, 오스트리아 빈에서 열린 국제원자력기구(IAEA: International Atomic Energy Agency) 정기총회에 참석했을 때의 일화다. 손원일 부부가 한 식당에 들어서자, 악사들이 일본인인 줄로 지레짐작하여 일본의 민속노래를 연주하며 환영했다. 그러자 홍은혜가 종업원에게 백지를 주문했다. 홍은혜는 즉석에서 5선을 그리고 아리랑 악보를 적었다. 그리고 악사에게 건네 아리랑을 연주하게 했다고 한다.

군인은 정치를 하면 안 된다

1960년, 3·15부정선거로 인해 4·19혁명이 일어났다. 그 결과 이승만의 제1공화국이 막을 내리고 허정(許政)을 내각수반으로 하는 과도정부(過渡政府)가 수립됐다.

그해 7월 29일, 제5대 국회의원선거가 전국적으로 실시되었다. 7·29 총선 결과 장면(張勉) 국무총리를 내각수반으로 하는 의원내각제의 제2공화국이 수립됐다. 하지만 집권당인 민주당(民主黨)의 무능력으로 인해 나라는 혼란에 휩싸였다.

그해 8월 30일에 주 서독대사직에서 물러난 손원일이 9월 말경 미국을 방문했다. 귀국 전에 미국에서 유학 중인 두 아들과 친척들을 만나기 위해서였다. 워싱턴 공항에 도착하자, 미국 국무성의 요인들이 기다리고 있었다.

"특별하게 급한 일이 없으시면 미국에 체류하며 '저개발 국가의 민주주의와 경제발전'이라는 제목으로 논문을 써주셨으면 합니다. 체류하는 동안의 생활비는 미국 정부에서 부담하겠습니다."

뜻밖의 일이었지만, 논문을 작성하는 일이 우리나라의 국익에도 도움이 되겠다고 생각한 손원일은 선뜻 제안을 받아들였다. 손원일은 캘리포니아 주의 프레즈노 퍼시픽(Fresno Pacific) 대학에서 연구논문을 쓰기 시작했다.

손원일이 미국에 체류하는 동안 대한민국에서 큰 사건이 일어났다. 1961년 5월 16일, 박정희(朴正熙) 소장을 중심으로 하는 일단의 군인들이 5·16 군사쿠데타를 일으킨 것이다.

쿠데타의 명분은 두 가지였다. 첫 번째 명분은 장면 정권의 무능력과 그로 인한 사회의 혼란을 바로 잡는다는 국가개조(國家改造)였다. 두 번째 명분은 그동안 군부에 관행적으로 대물림된 고질적인 병폐와 비리를 척결하겠다는 정군(整軍)이었다. 정권을 잡은 이들은 2년 7개월 동안 군정을 실시한다.

1962년 10월, 논문 작성을 마친 손원일이 귀국했다. 대한민국을 떠난 지 5년만이었다. 1963년 2월, 군사정부가 민주공화당을 창당하고 박정희 장군을 총재로 선출했다. 본격적으로 정치에 참여하기 위해서였다. 박정희는 그해 10월 15일에 실시된 제5대 대통령선거에서 당선되어 제3공화국을 출범시킨다.

제5대 대통령선거를 6개월 앞둔 1963년 4월, 과도정부의 내각수반이었던 허정을 중심으로 '신정당(新政黨)'이 태동했다. 그해 7월, 신정당(新政黨)·민정당(民政黨)·민우당(民友黨) 세 야당이 통합을 추진하기 시작했다. 그 결과 9월 10일, 세 야당이 통합한 '국민의 당'이 발족되었다. 하지만 국민의 당은 대통령 후보 선출 문제로 곧 분열하고 만다. 정당등록을 한지 3일 만인 9월 13일에 민정당이 이탈하고 만 것이다.

손원일은 허정을 지지했다. 그 이유는 '군인은 나라와 민족을 위해 목숨을 바칠 뿐, 직접 정치에 참여해서는 안 된다.'는 신념을 가지고 있었기 때문이었다. '국민의 당' 중앙위원회 위원장을 맡은 손원일은 허정의 참모가 되어 전국의 유세현장을 누볐다.

하지만 변수가 생겼다. 민정당에서 윤보선(尹潽善)을 대통령 후보로 내세운 것이다. 허정과 윤보선이 함께 대통령선거에 출마하면 박정희 후보에게 패배할 것이 명약관화했다. 고민을 거듭하던 허정은 대승적인 차원에서 대통령 후보를 사퇴했다. 허정이 사퇴함으로써, 제5대 대통령선거는 민주공화당 후보 박정희와 민정당 후보 윤보선의 양자대결 구도로 치러졌다. 결과는 박정희 후보의 승리였다.

그해 11월 26일에는 제6대 국회의원선거가 실시됐다. 허정이 '국민의 당' 서울 중구 국회의원 후보로 손원일을 공천했다. 손원일은 공천을 사양했다. '군인은 정치를 하면 안 된다.'는 신념을 스스로 무너뜨릴 수 없었기 때문이었다.

"박정희 장군이 대통령에 당선되었으니, 민정(民政)이라고 하지만 사실상은 군정(軍政)의 연장이나 마찬가지입니다. 게다가 민주공화당에서 군인출신들을 대거 공천하지 않았습니까. 우리가 나서서 군정을 막아야합니다."

허정의 간곡한 권유에 결국 손원일은 출마를 결심했다. 하지만 선거

결과는 참담했다. 공화당이 110석, 야당의 제(諸) 정당이 65석을 차지한 것이다. 게다가 국민의 당은 2석밖에 얻지 못했다. 손원일도 낙선의 고배를 마셨다. 허정은 선거 참패의 책임을 지고 정계에서 은퇴했다. 손원일도 중앙위원회 위원장직을 사퇴하고 야인으로 돌아갔다.

1963년 12월 17일, 제3공화국이 출범했다. 제5대 박정희 대통령이 취임식을 가진 것이다. 박정희 대통령은 제3공화국의 첫 번째 국무총리에 최두선(崔斗善)을 임명했다. 그리고 손원일의 의동생인 정일권이 외무부장관으로 입각했다.

1964년 5월, 정일권이 제3공화국의 두 번째 총리로 임명되었다. 정일권은 박정희 대통령의 의중에 따라 8명의 장관을 교체했다. 대폭적인 개각이었다. 박정희 대통령은 신임 외무부장관에 손원일을 지명했다.

국무총리 임명 전, 정일권이 손원일의 집을 방문하여 박정희의 뜻을 전했다.

"형님, 제가 국무총리 지명을 받았는데, 좀 도와주셔야겠습니다. 대통령께서 형님을 꼭 외무부장관으로 모시라고 하는데 좀 도와주십시오."

손원일은 허허 웃으며 거절의 뜻을 밝혔다. 정일권은 손원일을 회유하려고 했지만, 손원일의 거절은 완강했다.

"내가 대통령 선거 때 박정희 후보를 반대하고 공화당을 비판하면서 야당 입장에 서지 않았나? 그랬던 내가 어떻게 양심을 팔고 그쪽 장관 자리에 앉겠는가?"

정일권이 소득 없이 돌아오자, 이번에는 중앙정보부장 김종필(金鍾

祕)이 나섰다. 조각 발표 하루 전날인 5월 10일 저녁 무렵, 김종필이 손원일의 집을 방문했다. 김종필은 합리적이고 지적인 달변가였다. 김종필은 손원일을 설득하기 시작했다. 두 사람의 대화가 끝난 시각은 다음 날 새벽 1시 30분경이었다. 김종필이 돌아간 후, 손원일이 가방 하나를 들고 집을 나섰다.

그날 아침, 도하(都下) 신문들에 내각 명단이 실렸다. '외무부장관 손원일'이라고 게재되어 있었다. 하지만 정작 손원일 본인의 종적이 묘연했다. 나중에 밝혀진 일이지만, 박정희 대통령의 의지가 하도 강하여 부산 동래온천으로 피신을 한 것이었다. 결국 외무부장관직은 이동원(李東元)이 임명되는 7월까지 정일권이 겸임하게 된다.

이후 손원일은 한국홍보협회 회장을 맡아 한국을 세계에 알리는 국제문화 사업에 매진하였으며, 한국반공연맹 총재를 연임(7~8대)하며 공산세력 구축(驅逐)에 힘썼다.

영웅의 마지막 길

박정희 대통령은 인재(人才)에 대한 욕심이 강한 인물이었다. 비록 손원일이 자신과 다른 길을 걸었지만, 박정희는 군의 대선배이며 청렴한 인물이었던 손원일을 깊이 존경했다. 손원일에 대한 박정희의 구애(求愛)가 관운장(關雲長)과 조자룡(趙子龍)을 얻으려고 했던 조조(曹操)의 행동과 많이 닮았다는 생각이 든다.

1969년 음력 5월 5일, 손원일이 회갑을 맞았다. 이날, 박정희 대통령은 손원일에게 '축하 한시(漢詩)'을 보냈는데, 어쩌면 손원일의 품성을 그토록 잘 표현했는지 신기할 정도다. 역시 영웅은 영웅을 알아보는 것인가.

근하 손원일 제독 육일지희(謹賀 孫元一 提督 六一之禧)

운개만리해양평 금수강산석조명(雲開萬里海洋平 錦繡江山夕照明)
천록수위무욕자 쟁명상괴가련생(千祿誰爲無慾者 爭名常愧可憐生)
이정낙일홍다한 국사천추벽유정(離亭落日紅多恨 國事千秋碧有情)

준전가흥송인수 하대기공불구성(樽前歌興頌人壽 何代其功不久聲)

삼가 손원일 제독의 회갑을 축하하며

구름이 걷히니 만리 바다가 평온하고, 금수강산에 저녁노을 찬란하구나.
권력에 욕심이 없는 자 그 누구인가, 명예를 좇는 자들이 부끄럽고 가련하다.
세월이 가는 것이 슬프기는 하나, 나라 위해 바친 세월이기에 맑고 푸르도다.
술항아리 앞에 놓고 흥겹게 노래를 바치오니, 그대의 공은 영원히 찬양되리.

1969년 6월 19일, 대통령 박정희 씀

손원일은 1974년부터 신장병을 앓았다. 신장이 제 기능을 못해 손과 발이 퉁퉁 부어올랐다. 그해 2월, 손원일은 병을 치료하기 위해 미국 메릴랜드 주의 베데스다 해군병원(Behthesda Naval Hospital)으로 갔다.

당시 한국의 의료수준으로는 병을 치료할 수 없었던 것이다. 그때 박정희 대통령이 손원일이 미국에서 치료를 받을 수 있도록 많은 도움을 주었다고 한다.

종합 진단을 마친 미 해군병원 의료진이 '앞으로 6년 정도는 더 살수 있을 것'이라는 진단을 내렸다. 손원일은 그곳에서 6개월 동안 치료를 받았다. 치료의 대부분이 피를 걸러 불순물을 빼내는 혈액투석(血液透析)이었다.

혈액투석기만 있으면 한국에서도 치료를 계속 할 수 있을 것이라고 판단한 손원일은 혈액투석기를 구입하기로 했다. 하지만 돈이 문제였다. 혈액투석기는 워낙 고가의 장비였다.

어떻게 알았는지 박정희 대통령이 돈을 보내왔다. 손원일의 지인들로부터 사정을 전해들은 모양이었다.

1974년 8월에 귀국한 손원일은 서울 효창동 집에서 치료를 계속했다. 박정희 대통령이 국군수도통합병원의 군의관 한 명과 간호장교 한 명을 보내 치료를 도왔다.

투병을 한 지 6년째 되던 1980년 2월 15일, '해군의 아버지' 손원일이 눈을 감았다. 그의 나이 71세 때였다. 1980년 2월 19일, 손원일의 장례식이 해군장(海軍葬)으로 엄숙하게 거행됐다. 그의 유해는 동작동 서울현충원 제2장군묘역에 안장됐다.

1985년, 홍은혜는 해군사관학교 교장을 찾아가 원일상(신사해군상)을 제정해달라고 부탁했다.

매년 해군사관학교 전교생이 투표를 하여 졸업반 생도 중에서 '민주적인 자, 정직한 자, 예의바른 자, 실력 있고 군인다운 자, 남을 돕는 덕을 갖춘 자'의 다섯 가지 미덕을 갖춘 생도 한 명을 선발하여 상을 수여하자는 제안이었다. 그 때부터 해군사관학교에서는 매년 가장 덕망 있는 생도 한 명을 선발하여 원일상을 수여하고 있다.

첫 번째 수상 생도에게 원일상을 수여하는 홍은혜

홍은혜는 손원일이 떠난 후에도 남편을 대신하여 해군을 위해 봉사하여 '해군의 어머니'로 존경을 받았다. 홍은혜는 2017년 4월 19일, 향년 100세를 일기로 '은혜(恩惠)로운 인생의 항해'를 마치고 부군의 품에 안겼다.

잠수함으로 부활한 손원일

2006년 6월 9일, 214급 잠수함 1번함 손원일함이 진수식을 가졌다. 영원히 대한민국 바다를 지키겠다는 손원일의 의지와 염원이 잠수함으로 거듭난 것이다. 1년 6개월여 동안의 운용시험평가를 거친 손원일함은 대한민국 해군에 인도되어 2007년 12월 27일에 취역식을 가졌다.

손원일함 진수식(2006년 6월 9일)

손원일함 진수식에 참석한 홍은혜(2006년 6월 9일)

손원일함 취역식에 참석한 홍은혜(2007년 12월 27일)

　대한민국 해군은 1970년대부터 잠수함을 도입하기 위하여 많은 노력을 기울였다. 하지만 쉽지 않은 일이었다. 잠수함을 건조할 만한 예산도 없었거니와 미국이 공격형 무기인 잠수함의 도입을 원하지 않았기 때문이었다.

　그러던 중 닉슨 독트린에 의해 주한 미 제7사단이 1971년 3월에 한국에서 철수하고, 북한이 잠수함을 다량으로 보유하고 있다는 사실이 확인되면서, 1974년에 박정희 대통령이 잠수함 5척을 도입하라고 지시를 내렸다. 1970년대 중반에는 이미 북한이 신포와 마양도에서 로미오급 잠수함을 생산하고 있었다.

그렇지만 당시 우리의 경제력은 잠수함 같은 고가의 무기를 사들일 수 있는 형편이 못되었다. 결국, 잠수함 도입을 고민하던 박정희 대통령은 그 계획을 포기하고 말았다.

이에 국방과학연구소가 독자적으로 잠수함을 개발하겠다는 계획을 제시하여, 국내 최초로 200톤급 잠수정 돌고래를 건조하게 되었다. 약 99억 원의 개발비를 들인 돌고래는 1983년부터 3척이 취역했다.

하지만 돌고래는 특수작전용 소형 잠수정이었기 때문에 전투함으로서 대양작전을 수행하기에는 능력이 한참 부족했다. 그러다가 해군의 끈질긴 노력 끝에 1987년, 독일 하데베(HDW) 조선소와 209급 잠수함 건조 계약을 체결함으로써, 대한민국 해군은 세계에서 43번째로 잠수함을 보유하게 되었다.

1987년 11월, 대우조선과 독일 하데베(HDW)사 간에 209급 잠수함 3척을 도입하는 1차 사업 계약이 체결됐다. 기술도입을 전제로 하는 절충교역(折衷交易) 형태의 계약이었다.

1번함 장보고함은 우리 해군과 국방과학연구소의 정예요원, 대우조선의 건조 기술자들을 독일 하데베(HDW) 조선소에 파견하여 현장실습을 통해 기술을 습득하면서 건조했다. 2번함부터는 독일 기술자들의 현지 지도 아래 대우옥포조선소에서 우리 기술자들이 건조했다.

1992년 10월 12일, 장보고급 잠수함 2번함인 동시에 우리 기술진에 의해 만들어진 국내 최초의 현대식 디젤잠수함 SS-062 '이천함'이 진수식을 가졌다. 대우 옥포조선소가 독일 하데베(HDW) 조선소로부터 설계와 기술을 제공받아 1989년 11월부터 건조에 착수한 이천함이 3년 만에 세상에 모습을 드러낸 것이다.

1,200톤급의 이 잠수함은 최고속도가 북한이 보유한 위스키급 및 로미오급 잠수함보다 2배가량 빠르며, 30명 이상의 승조원이 탑승해 45일 동안 단독 작전이 가능한 잠수함이었다. 이로써 해군은 주요해역의 방어와 해상교통로 보호에 있어 항공, 수상, 수중의 입체작전을 수행할 수 있게 됐다.

해군의 두 번째 잠수함 이천함 진수식

그리고 이틀 후인 1992년 10월 14일에는 독일 하데베(HDW) 조선소에서 장보고급 잠수함의 1번함인 장보고함이 우리 해군에게 인수되었

다. 접경사가 난 것이다. 장보고함은 1993년 5월 20일, 대한민국의 대우조선에 도착하여 최종점검을 마친 후 6월 2일에 취역식을 가졌다. 이어 1994년 5월에는 2번함인 이천함도 취역했다.

〈표-2〉 209급 잠수함

성능	톤수	수상 1,100톤(잠항 시 1,285톤)
	길이/폭/높이	56m/6.2m/5.5m
	주동력	디젤엔진 4기, 모터 1기
	속력	수상 11노트/ 수중 22노트
	잠항심도	250m
	작전지속일	45일
	항속거리	7,500마일
	승조원	40명
무장	어뢰	21인치(533mm) 전방발사관 8기/ 최대 14발
	기뢰	어뢰 대신 28발 탑재 가능
	미사일	068·069·071함 3척은 하푼미사일 탑재

1990년, 돌고래급 잠수정 3척을 기반으로 제57잠수함전대를 창설한 해군은 1992년 10월에 독일에서 1번함 장보고함을 인수한데 이어, 2001년까지 총 9척의 209급 잠수함을 인수해 실전에 배치하고 있다.

〈표-3〉 209급 잠수함(총 9척)

함번	함정명	기준배수량	취역/ 도입년도	비고
061	장보고	1,200톤	1993년	독일 HDW
062	이천	1,200톤	1994년	대우조선해양

063	최무선	1,200톤	1995년	대우조선해양
065	박위	1,200톤	1995년	대우조선해양
066	이종무	1,200톤	1996년	대우조선해양
067	정운	1,200톤	1997년	대우조선해양
068	이순신	1,200톤	2000년	대우조선해양
069	나대용	1,200톤	2000년	대우조선해양
071	이억기	1,200톤	2001년	대우조선해양

2000년, 해군은 209급에 이어 독일 하데베(HDW)사로부터 AIP 214급 잠수함을 도입하기로 결정했다.

디젤 잠수함들은 물 위에서 공기를 공급받아 디젤엔진을 작동하여 전기를 생산해야 한다. 그리고 생산한 전기를 커다란 축전지(battery)에 저장하고, 그 축전지로부터 공급되는 전기의 힘으로 모터를 돌려 추진력을 얻는다.

그렇기 때문에 작전을 하다가도, 축전지의 전기가 모두 소모되기 전에 반드시 수면 위로 부상하여 축전지를 재충전해야 한다. 잠수함에 따라 약간의 차이가 있겠지만, 디젤 잠수함들이 한 번 충전하여 잠항을 지속할 수 있는 거리는 400여 마일에 불과했다. 따라서 잠수함은 주기적으로 부상을 해야 했다.

이것이 디젤 잠수함이 가지는 가장 큰 약점이다. 어뢰 외에 별다른 무장이 없는 잠수함은 수면 위로 올라가게 되면 구축함이나 대잠초계기들의 손쉬운 먹잇감이 되고 만다. 수면 위로 올라갔다가 적에게 발각되는 순간이 바로 최후의 순간인 것이다.

원자력 추진 잠수함의 경우는 1년 내내 수면 위로 올라가지 않고 작전을 할 수 있지만, 전 세계적으로 원자력 추진 잠수함을 운용할 수 있고 실제로 운용하고 있는 나라는 미국·영국·프랑스·러시아·중국의 5대 핵보유국과 인도뿐이다. 디젤 잠수함에 비해 몇 배가 더 들어가는 비용문제, 원자력 추진 기술의 확보, 그리고 '핵확산금지조약(NPT)' 등 국제환경 때문에 이들 5개국과 인도를 제외한 나머지 국가들은 아직 원자력 추진 잠수함을 엄두도 내지 못하는 상황이다.

따라서 재래식 디젤 잠수함을 보유한 국가들의 오랜 숙원은 수면 위로 부상하여 공기를 공급받는 빈도를 줄이는 것이었다. 즉 한 번 전기를 충전하면 오랫동안 물속에서 작전을 계속할 수 있는 방법을 개발하는 것이었다.

잠수함 선진국들은 저마다 AIPS(Air Independent Propulsion System), 즉 공기불요(空氣不要) 추진체계의 개발에 나섰다. 여러 가지 방법들이 개발되었지만, 그다지 효율적이지 못했다. 그러다가 1990년대 중반에 독일에서 획기적인 방법이 개발되었다.

독일의 하데베(HDW)와 지멘스(Siemens)가 1960년대에 개발에 착수하여 30여 년의 연구 끝에 잠수함용 연료전지(Fuel Cell)의 실용화에 성공한 것이다. 연료전지는 기계를 움직이지 않아 소음이 전혀 없고, 연료가 연소되는 것이 아니기 때문에 폐기 처리 문제도 없어, 잠수함에게 적합한 새로운 차원의 추진체계였다.

디젤엔진과 함께 연료전지를 이용하여 엔진을 구동하는 독일의

AIP 추진체계는 지금까지 나온 AIP 체계 중 가장 효율적이고 새로운 기술이다. 214급 잠수함은 독일이 개발한 AIP 체계를 적용한 신형 잠수함으로서, 재래식 잠수함 중에서는 가장 선진적인 잠수함으로 자리 잡고 있다.

AIP 탑재 잠수함은 물속에서 몇 주일 동안 버틸 수 있어서, 기존의 디젤 잠수함에 비해 수중에서 작전을 수행할 수 있는 능력이 3~5배 증대됐다. 대한민국 해군이 2000년도에 도입을 결정한 214급 잠수함이 그런 능력을 가진 잠수함인 것이다. 원자력 추진 잠수함을 보유할 수 없는 현재의 상황에서, 214급 잠수함은 전 세계의 재래식 잠수함 중에서는 가장 우수한 성능을 가진 잠수함이라고 봐도 대과가 없을 것이다.

〈표-4〉 214급 잠수함

성능	톤수	수상 1,700톤(잠항 시 1,860톤)
	길이/폭/높이	65m/6.3m/6m
	주동력	디젤엔진/ AIP 연료전지 추진체계
	속력	수상 12노트/ 수중 20노트/ 수중 연료전지 3~6노트
	잠항심도	400m 이상
	작전지속일	50일
	항속거리	1만 9,000km
	승조원	27명
무장	어뢰	21인치(533mm) 전방발사관 8기/ 4기는 미사일 발사 가능
	미사일	잠대함 하푼미사일

1번함 손원일함부터 3번함 안중근함까지 3척의 손원일급 214 잠수함은 현대중공업에서 건조했으며, 4번함 김좌진함부터 9번함 신돌석함까지는 대우조선해양과 현대중공업이 각 3척씩 맡아 건조했다.

2017년 9월 7일, 9번함 SS-082 신돌석함이 진수식을 가짐으로써 총 9척의 손원일급 잠수함의 건조가 모두 마무리되었다. 2017년 11월 현재, 7번함까지 해군에 인도되었으며, 8번함 이범석함과 9번함 신돌석함은 해군에 인도하기 위한 준비를 하고 있다.

〈표-5〉 214급 잠수함(총 9척)

함번	함정명	기준배수량	취역/ 도입년도	비고
072	손원일	1,800톤	2007년	현대중공업
073	정지	1,800톤	2008년	현대중공업
075	안중근	1,800톤	2009년	현대중공업
076	김좌진	1,800톤	2014년	대우조선해양
077	윤봉길	1,800톤	2016년	현대중공업
078	유관순	1,800톤	2017년	대우조선해양
079	홍범도	1,800톤	2017년	현대중공업
081	이범석	1,800톤	2018년(예정)	대우조선해양
082	신돌석	1,800톤	2018년(예정)	현대중공업

9척의 214급 잠수함으로 부활한 손원일은 지금도 조국의 바다를 물샐틈없이 지키고 있다.

손원일이 '해군의 아버지'인 이유

선구자(先驅者)는 먼저(先) 세상을 보고 앞서 가는 사람을 뜻하는 말이다. 그런 면에서 손원일이라는 인물은 단연 선구자다. 선구자였던 손원일은 언제나 무에서 유를 창조했다.

18~19세기는 서양열강(西洋列強)들이 앞 다투어 식민지 개척에 열을 올리던 시기였다. 서양열강들이 전 세계 곳곳에 식민지를 만들 수 있었던 배경에는 항해술(航海術)이 있었다. 유럽의 변방이었던 포르투갈과 네덜란드, 스페인, 그리고 섬나라 영국이 선진국으로 발돋움할 수 있었던 것은 항해술 덕분이었다.

배를 타고 대양을 건너가 약소국을 침략하고, 그 나라를 식민지로 만들어 지배하기 위해서는 항해술이 필수였다. 해군 함대를 이끄는 지휘관은 약소국을 점령한 후, 그 지역에서 총독(總督)으로 통치했다. 육군과 공군 장성을 장군이라고 하지만, 유독 해군 장성을 제독(提督)이라고 부르는 것은 여기에서 연유한다. 바다를 지배하는 국가가 곧 선진국이었던 것이다.

서양열강의 야욕 앞에 아시아라고 예외일 수는 없었다. 어느 날, 바다 너머에서 건너온 서양열강들에게 아시아 국가들은 차례로 당할 수밖에 없었다.

예외였던 나라가 단 하나 있었다. 일본이었다. 일본은 개항(開港)을 요구해온 미국에게 순순히 문호(門戶)를 개방했다. 그리고 국력을 신장시킨 후, 서양열강들과 어깨를 나란히 하며 이웃나라들을 침략했다. 참으로 고약한 나라라고 아니할 수 없겠다.

일본에게 첫 번째로 당한 나라가 대한제국(大韓帝國)이었다. 그리고 그 망국(亡國)의 땅에서 손원일은 설움을 감수하며 유년기를 보냈다. 17세의 소년 손원일이 상해에 처음 발을 딛던 1926년 당시의 상해는 서양열강의 해군 함정들과 상선들이 모여드는 국제 항구였다.

그곳에서 열강 해군의 위용을 목격한 손원일은 장차 조국이 광복되면 자신의 손으로 해군을 창설하겠다는 원대한 포부를 가지게 된다. 바다를 지배하는 국가가 세계를 지배한다는 사실을 소년 손원일은 꿰뚫고 있었다.

그런 면에서 나는 손원일이 선구자였다고 말하는 것이다. 나는 손원일이 중앙대학교 항해과에 입학했던 그 순간이 대한민국 해군 역사의 첫 걸음이 아니었나 하는 생각을 해본다.

혹자(或者)는 이렇게 얘기할 수도 있다. "손원일이 없었더라도 대한민국 해군은 창설되었을 것이다." 아주 당연한 얘기다. 하지만 만약 손원일이 없었다면, 해군의 출발이 훨씬 늦어졌을 것이며, 출범을 했다 하더라도 지금처럼 눈부신 발전을 이루지는 못했을 것이라는 것이 내 생각이다.

내가 보기에 손원일은 미치광이다. 그는 한평생을 오롯이 한 가지 목표에 매진했다. 그래서 손원일은 미치광이다. 미치광이처럼 오직 해군을 위해 살았기에, 사람들은 그를 '해군의 아버지'라고 부른다.

손원일이라는 30대 중반의 청년이 해군을 건설하겠다고 동분서주할 때 그의 주변에는 그보다 나이 많고 경험 많은 사람이 많이 있었다. 하지만 손원일 주변의 사람들은 주저 없이 손원일을 자신들의 지도자로 추대하고 따랐다. 그가 미치광이처럼 한 길로 나갔기 때문이다.

영웅들이 추앙받는 이유는 하나다. 남들이 보지 못하는 것을 홀로 보고, 남들이 가지 않는 길을 홀로 걷는다는 것이다. 그런 점에서 손원일은 희대의 영웅이다.

광복 후, 국군을 만든 수많은 영웅들이 있다. 그 중에서도 가장 돋보이는 사람이 손원일이다. 독립운동가 손정도를 아버지로 둔 손원일은 성골(聖骨)이나 진골(眞骨)은 아니더라도 적어도 육두품(六頭品)은 되는 인물이었다.

하지만 손원일은 일본군계와 만주군계까지 서슴없이 품에 안았다. 그 이유는 그에게 가장 중요한 것이 '나라'였기 때문이다. 그는 알고 있었다. 나라 없는 백성이 얼마나 비참한지를.

6·25전쟁 중, 육군총참모장은 만주군 출신의 정일권이었고, 공군총참모장은 일본군 출신의 김정렬이었다. 그때 손원일은 정일권과 김정

렬에게 "우리 의형제를 맺고, 나라를 위해 죽을힘을 다하자."고 제안한다. 이유는 단 하나, 구국(救國)이었다.

그것은 손원일이 해방병단 시절부터 도별담(道別談)을 금지했던 것에서도 잘 알 수 있다. 그의 아버지 손정도와 마찬가지로 손원일은 경상도니 전라도니 하면서 패거리를 짓는 자들이야말로 나라에 도움이 되지 않는다고 생각했던 것이다. 손원일은 한마디로 가슴이 넓은 인물인 것이다.

자신이 옳다고 생각하는 일을 위해 모든 것을 버렸던 인물. 오로지 자신의 신념에 따라 해군의 초석을 쌓은 인물. 국군현대화의 기반을 다진 인물.

이런 면에서 볼 때 손원일 제독은 임진왜란(壬辰倭亂)에서 조선을 구해낸 충무공(忠武公) 이순신(李舜臣)에 필적하는 인물이라고 평가해도 지나치지 않다는 생각이 든다.

그렇다면 영웅 손원일 제독이 아닌 한 인간으로서의 손원일의 품성은 어떠했을까. 지아비 손원일의 모습을 지켜본 한 여인의 입을 빌릴까 한다.

나의 남편 손 제독! 그는 부에 휩싸이지도 않았고 권세에도 휘말리지 않았으며 명성을 탐하여 비굴하지도 않았고 높은 위치에 있었지만 겸허하였다. 공과 사의 선이 분명하였고 매사에 무리 없이 순리를 좇았다. 생명의 존엄성을 강조하면서 진정으로 국민을 사랑하였다. 일은 자기가 하되 감투는 남이 주는 것이라고, 남은 용서하고 자기는 그 용서를 받지 않겠다고 하였다. 지극히 강직하며 거짓이 없이 서민적인 일상을 즐거워하였다. 하나님 사랑, 나라 사랑, 바다 사랑의 교훈과 함께 티 없이 깨끗이 살다 가셨다. 그는 결코 사심을 품지 않았고 진정 명예로운 이름을 남기고 가셨다.[37]

---

37) 홍은혜, 「은혜의 항해」, P.198.

/ 이력과 경력 /

○ 1909. 5. 5.(음력)		평양 출생
○ 1921. 가을	(12세)	만주 길림으로 이사
○ 1927.	(18세)	중국 상해 중앙대학교 항해과 제3기 입학
○ 1930.	(21세)	중국 3,000톤급 연안 화물여객선에서 해상실습 중국 상해 중앙대학교 항해과 졸업 독일 화물여객선에서 항해사 근무
○ 1933.	(24세)	중국 화물여객선 부선장 겸 항해사 근무
○ 1934. 여름	(25세)	귀국
12.		일본 경찰에 체포되어 두 달 동안 옥고
○ 1936. 봄	(27세)	남계양행 운영(~1941.)
○ 1939. 3. 11.	(30세)	홍은혜와 결혼
○ 1940.	(31세)	무역회사 동화양행 천진지점장 무역회사 동화양행 상해지사장(~1945.)
○ 1945. 8. 21.	(36세)	해사대 결성
11. 11.		미 군정청 운송국 예하에 해방병단 창설
○ 1946. 1. 14.	(37세)	해방병단을 국방사령부 예하로 편입
1. 15.		해방병단 총사령관
1. 17.		해군병학교(해군사관학교) 초대 교장(~3. 15.)
2. 1.		해군 참령(소령) 부여 받음, 군번 80001번
6. 15.		조선해안경비대 총사령관
10. 1.		부령(중령) 진급
○ 1947. 1. 1.	(38세)	대령 진급
○ 1948. 9. 5.	(39세)	해군 총사령관

	12. 10.		해군 준장 진급(최초 장성 5명 중 1인)
	12. 15.		초대 해군총참모장(참모총장)
○ 1949. 2. 4.		(40세)	소장 진급
	10. 1.		전투함 PC-701함 구매 차 도미
○ 1950. 7. 16.		(41세)	전투함 PC-702·703·704함과 함께 진해 도착
	8. 16.		제1함대사령관 겸임(~1953. 5. 24.)
	9. 15.		인천상륙작전 참전
	9. 28.		서울수복작전 참전 국군 최고지휘관으로서 포고문 발표
○ 1952. 1. 12.		(43세)	중장 진급
○ 1953. 6. 28.		(44세)	해군 중장으로 예편
	6. 30.		제5대 국방부 장관 취임
○ 1956. 5. 26.		(47세)	국방부 장관 사임
○ 1957. 6. 27.		(48세)	초대 주 서독 공사
○ 1958. 8. 1.		(49세)	초대 주 서독 대사(~1960. 8. 30.)
○ 1980. 2. 15.		(71세)	타계

/ 상훈 /

- 대한민국일등무공훈장(제1호)/ 금성태극무공훈장/ 태극무공훈장/ 금성을지무공훈장/ 금성충무무공훈장/ 충무무공훈장/ 6·25종군기장
- 국제연합종군기장
- 미국 은성무공훈장/ 미국 공로훈장/ 미국 자유훈장
- 독일 십자훈장

참고문헌

국방부 군사편찬연구소, 「건군사」, 2002

국방부 군사편찬연구소, 「태극무공훈장에 빛나는 6·25전쟁 영웅」, 2003

국방부 전사편찬위원회, 「한국전쟁사」 제1~9권, 1967-1976

국방부 전사편찬위원회, 「한국전쟁 요약」, 1986

육군본부, 「創軍前史」, 1980

해군본부, 「해군 30년사」, 1978

해군본부, 「바다로 세계로-사진으로 본 해군 50년사」, 1995

해군본부, 「해군일화집 제1집」, 2006

해군본부, 「해군일화집 제2집」, 2006

해군본부, 「대한민국해군의 아버지 손원일 제독 어록」, 2015

해군본부, 「대한민국해군 창군사」, 2016

공정식, 「바다의 사나이 영원한 해병」, 해병대전략연구소, 2009

권성욱, 「중일전쟁- 용, 사무라이를 꺾다 1928~1945」, 미지북스, 2015

김선덕, 「실록 대한민국 국군 70년, 本紀(상)」, 도서출판 다물아사달, 2015

김선덕, 「실록 대한민국 국군 70년, 本紀(하)」, 도서출판 다물아사달, 2015

김선덕, 「인천상륙작전의 숨은 주역 함명수」, 도서출판 다물아사달, 2016

김선덕, 「무적해병의 전설 공정식」, 도서출판 다물아사달, 2016

김성은, 「회고록- 나의 잔이 넘치나이다」, 아이템플코리아, 2008

김정렬, 「항공의 경종」, 대의, 2010

남정옥, 「6·25전쟁 이것만은 알아야 한다」, 삼우사, 2010

남정옥, 「이승만 대통령과 6·25전쟁」, 한국학술정보(주), 2010

남정옥, 「밴 플리트 대한민국의 영원한 동반자」, 백년동안, 2015

백선엽, 「군과 나」, 시대정신, 2009

신현준, 「老海兵의 回顧錄」, 가톨릭출판사, 1989

유영익, 「이승만, 건국대통령」, 『한국사 시민강좌』, 일조각, 2008

이맹기 추모 사업회, 「선공후사의 귀감, 해성 이맹기」, 2006

이상호, 「인천상륙작전과 맥아더」, 백년동안, 2015

정일권, 「정일권회고록」, 고려서적(주), 1996

프란체스카 도너 리, 「6·25와 이승만」, 기파랑, 2010

한국해양전략연구소, 「해군창설의 주역 손원일 제독(상)」, 2006

한국해양전략연구소, 「해군창설의 주역 손원일 제독(하)」, 2006

한국해양전략연구소, 「STRATEGY 21 제37호」, 2015

한용원, 「창군」, 박영사, 1984

함명수, 「바다로 세계로」, 한국해양전략연구소, 2007

홍은혜, 「은혜의 항해」, 토기장이, 2010

인명색인

ㄱ

가쓰라 다로(桂太郎) 27
가와바타 49
공정식 80 / 109 / 110
김구 34 / 50 / 103
김동준 71
김동진 87
김마리아 37
김백일 108 / 148 / 157
김병훈 171
김성태 87
김순기 135
김영관 79 / 81
김영철 64-65 / 71 / 128 / 131
김용식 127
김의수 48
김일병 87-88
김일성 37-38 / 183
김재창 184
김정렬 160-163 / 170-171 / 195 / 200-201 / 238
김정주 71
김종오 124
김종필 220-221
김형직 37
김홍일 105

ㄴ

남일　182
남정옥　22 / 175 / 187
노무라　49
닉슨　228

ㄷ

덜레스(John F. Dulles)　177 / 183-184 / 197 / 199-200
덴펠드(Louis E. Denfeld)　116

ㄹ

레드포드(Arthur W. Radford)　116
로버츠(William L. Roberts)　117
로버트슨(Walter S. Robertson)　177
루시(Michael J. Lousey)　134
뤼브케(Heinrich Lübke)　212

ㅁ

마이어스(Donald J. Myers)　72
말리크(Jacob Malik)　164-165
맥아더(Douglas MacArthur)　69-70 / 128 / 130 / 134 / 137-138 / 145 / 156
모택동　113 / 115
무초(John Joseph Muccio)　113
민병증　64-65 / 71

ㅂ

박신일　12 / 24- 25 / 36 / 42 / 52-54

박원풍　135
박정모　147
박정희　218-224 / 228-229
백두진　178 / 184 / 197 / 201
백선엽　124 / 162 / 165-166 / 168 / 187-188
백인엽　124
밴 플리트(James A. Van Fleet)　161-163 / 188
변영태　183-184 / 194 / 200
브릭스　197 / 200
빈포드(T. H. Binford)　116

ㅅ

서재필　98
서재현　45
석은태　67 / 71
손인실　52-54
손정도　12 / 14 / 23-32 / 34-43 / 47 / 50 / 54-55 / 100-101 / 104 / 107 / 238-239
손진실　42 / 48
손창원　214
손형준　24-25
송호성　105
쉬크(Lawrence E. Schick)　67
스크랜튼(W. B. Scranton)　25
스트러블(Arthur D. Strubble)　139 / 145
시게미쓰　49
시라카와　49
신익희　29 / 34 / 178
신현준　109 / 110-111 / 139

ㅇ

아놀드(Archibald V. Arnold) 66
아데나워(Konrad Adenauer) 212
아이젠하워(Dwight D. Eisenhower) 168-169 / 176-177 / 182 / 193 / 195 / 197 / 199
안준생 37
안중근 37 / 235
안창호 26
안현생 37
알레이 버크(Arleigh Burke) 165
알몬드(Edward M. Almond) 145 / 156
애치슨(Dean G. Acheson) 113
앨런 스미스(Allen E. Smith) 149
양기탁 26
양병수 147
양유찬 127 / 200
엄두섭 82
에드워드(Edward) 72
엘리자베스 2세(Elizabeth II) 178
오신도 24
요하네 헤세(Johanne Hesse) 214
우에다 49
워커(Walton H. Walker) 133
원용덕 74-75 / 108 / 172
윌리엄스(J. J. Williams) 115-116
유동열 26 / 84-85
유재흥 124 / 189
유진오 52
윤보선 219
윤봉길 49-50 / 235
윤치창 52 / 57
이갑 26

이광수　29
이기택　82
이동녕　26 / 29-30 / 34
이동원　221
이동휘　26 / 32-34 / 100
이맹기　79
이성가　124
이수영　171
이순신　106 / 232 / 239
이숭녕　78
이승만　9 / 14-16 / 26 / 30-34 / 95 / 97-105 / 108 / 110 / 112-117 / 119 / 128-129 / 131- 132 / 147 / 168 / 170 / 172 / 174-180 / 182-185 / 189 / 192-193 / 195-201 / 209-210 / 217
이시영　26 / 29 / 34 / 95
이은상　87
이응준　75 / 105
이종찬　167-168
이태영　155
이희정　136
임병래　135 / 137-138

ㅈ

장개석　50 / 101 / 113-115
장근섭　136
장면　121 / 150 / 155 / 214 / 217-218
장작림　39
장정택　135
장지수　79
장호근　82
전덕기　25-26
정규섭　171

정긍모　64-65 / 71 / 77
정성원　135
정일권　127-128 / 157-158 / 160-163 / 167 / 195 / 197 / 199-201 / 220-221 / 238
조병옥　121
조이(Joy C. Turner)　165
조재천　131
조지 밀러　205

ㅊ

차성환　135
찰스 윌슨　197
채병덕　105
처칠(Winston Churchill)　177-178
최국방　147
최덕신　171
최두선　220
최용덕　170
치스차코프(Ivan Chistiakov)　63

ㅋ

칼스텐(Carsten)　68-71
코프만(Kauffman)　116
콜린스(J. Lawton Collins)　177
크레이기(Lawrence C. Craigie)　165
클라크(Eugene F. Clark) 대위　137
클라크(Mark Wayne Clark) 대장　171 / 183
키리노(Elpidio Quirino)　113-114

ㅌ

테라우치(寺内正毅) 100
트루먼(Harry S. Truman) 112 / 175

ㅍ

팽덕회 183
프라이스(Terrill E. Price) 84

ㅎ

하지(John R. Hodge) 66 / 84 / 95
해리슨(William K. Harrison, Jr.) 182
한갑수 65 / 71 / 77
한유만 135
함명수 68-69 / 79 / 85 / 119 / 134-135 / 155 / 208
허정 217-220
현순 29
현제명 87
호디스(Henry I. Hodes) 165
호이스(Theodor Heuss) 212
홍시욱 135 / 137-138
홍은혜(洪恩惠) 12 / 36 / 43 / 51 / 53-55 / 60 / 72 / 86-88 / 118 / 140 / 213-216 / 224-225 / 228
히로히토 22 / 62
히키 171

다물아사달 기획 '국군열전' 시리즈

다물아사달에서는 창군(創軍)과 6·25전쟁, 그리고 대한민국 발전과정에서 노심초사한 '참군인'들과 UN군 참전용사들을 선정하여 그들의 삶과 업적을 오늘에 되살리는 '국군열전'을 기획하고 있습니다.

인천상륙작전의 숨은 주역, **함명수** (2016년 5월 30일 출간)

무적 해병의 전설, **공정식** (2016년 11월 11일 출간)

마지막 기병대장, **장철부** (2017년 3월 1일 출간)

육군의 산파역, **이응준** (2017년 10월 1일 출간)

해군의 아버지, **손원일** (2017년 11월 11일 출간)

초대 제2군사령관, **강문봉**

영원한 벽창우(碧昌牛), **강영훈**

가평전투의 영웅, **권동찬**

포병의 뿌리, **김계원**

6·25전쟁의 4대 영웅, **김동석**

베티고지전투의 영웅, **김만술**

38도선 돌파와 흥남철수작전의 주역, **김백일**

내가 여기 있다, **김석원**

귀신 잡는 해병, **김성은**

영원한 공군 조종사, **김신**

미군 속의 한국영웅, **김영옥**
빨간마후라의 신화, **김영환**
영천전투의 맹장, **김용배**(金容培)
불굴의 장군, **김웅수**
한강교를 넘어라, **김윤근**
붓을 든 무인, **김익권**
대한민국 국가건설의 주역, **김일환**
최고의 지장(智將), **김점곤**
공군의 대부, **김정렬**
백마고지의 영웅, **김종오**
대한민국 특무부대장, **김창룡**
방송국을 사수하라, **김현수**
한강방어전투의 영웅, **김홍일**
뚝심의 맹장, **민기식**
백골부대의 마지막 자존심, **박경원**
공병 발전의 주역, **박기석**
광복군 출신 장군, **박기성**
불굴의 연대장, **박노규**
하늘에 진 별, **박범집**
광복군의 원로, **박시창**
제2대 해군참모총장, **박옥규**
풍운의 별, **박정인**
자주국방의 초석, **박정희**
제주 4·3사건의 지휘관, **박진경**
용광로의 신화, **박태준**

대한민국 최초의 대장, **백선엽**
여순 10·19사건의 순국자, **백인기**
서울수복작전의 주역, **백인엽**
용문산전투의 영웅, **송석하**
타이거 장군, **송요찬**
화령장전투의 맹장, **송호림**
조선경비대 제2대 사령관, **송호성**
불운한 국방부장관, **신성모**
포병의 아버지, **신응균**
카이젤 장군, **신태영**
해병대의 뿌리, **신현준**
6·25의 의장(義將), **안병범**
반공포로의 아버지, **원용덕**
통위부장, **유동열**
초대 한미연합사 부사령관, **유병현**
뚝심의 야전사령관, **유재흥**
대한민국 전투조종사, **윤응렬**
창공에 산다, **이강화**
비운의 국방부장관, **이기붕**
마지막 주월 공사, **이대용**
제6대 해군참모총장, **이맹기**
대한민국 초대 국방부장관, **이범석**
율곡계획의 개척자, **이병형**
영천전투의 영웅, **이성가**
초대 제3군사령관, **이세호**

대한민국 최초의 국군통수권자, **이승만**

풍운아, **이용문**

최장수 육군대학 총장, **이종찬**

미 군사고문단을 구하라, **이치업**

육사 중흥의 견인차, **이한림**

군번 1번, **이형근**

최고의 연대장, **임부택**

백마고지의 또 다른 영웅, **임익순**

백골부대장, **임충식**

강단의 장군, **장경순**

용문산대첩의 주역, **장도영**

공군의 작전통, **장지량**

제9대 합참의장, **장창국**

영원한 백골부대 맨, **장춘권**

장사동상륙작전의 주역, **전성호**

제18대 국방부장관, **정래혁**

대한민국 군인, **정승화**

구국의 육해공군총사령관, **정일권**

후방을 안정시킨 빨치산 토벌대장, **차일혁**

따이한의 별, **채명신**

영욕의 육군참모총장, **채병덕**

부동여산(不動如山)의 명장, **최영희**

대한해협해전의 신화, **최용남**

하늘의 개척자, **최용덕**

경찰의 지장, **최치환**

참 군인, **한신**

위국헌신의 연대장, **함준호**

운명을 개척한 의지의 장군, **황인성**

외전(外傳)

돌아온 딘

제2대 UN군사령관, **리지웨이**

불멸의 노병, **맥아더**

지평리전투의 영웅, **몽클라르**

대한민국 국군의 영원한 벗, **밴 플리트**

장진호의 대장정, **스미스**

미 극동공군사령관, **스트레이트마이어**

낙동강을 사수하라, **워커**

휴전회담 수석대표, **조이**

미국 역사상 최초로 승리하지 못한 사령관, **클라크**

중립국 송환위원회 의장, **티마야**

최고의 한국통, **하우스만**

전쟁고아의 아버지, **헤스**